WHAT IS CO-DIVIDUALITY?

QU'EST-CE QUE LA CO-DIVIDUALITÉ?

WHAT IS CO-DIVIDUALITY?

Post-individual architecture, shared houses, and other stories of openness in Japan

QU'EST-CE QUE LA CO-DIVIDUALITÉ?

Architecture post-individuelle, shared houses et autres expériences d'espaces ouverts au Japon

Salvator-John A. LIOTTA and Fabienne LOUYOT

CONTENTS/CONTENUS

WHAT IS CO-DIVIDUALITY?/QU'EST-CE QUE LA CO-DIVIDUALITÉ?

FOREWORD
Kengo KUMA

Before World War II, the Japanese took great care to help each other. The Japanese expression 助け合い tasukeai means "help each other." A more contemporary translation, however, might be "to share."

Japanese society was changing and evolving based on the concept of helping each other, and both cities and architecture were designed based on the idea of doing just that. However, after the World War II, the concept of "individual home ownership" as we know it was introduced from the United States as one of the economic principles that eventually led to the bubble economy バブル景気 of the 80s.

Boldly bombed and nearly entirely razed to ground, the city of Tokyo started to be covered with concrete and iron, abandoning its traditional construction materials.

Fortunately, when I was born in 1954, the concept of "helping each other" was still present in various parts of Japanese society, both in rural and in urban areas. Towns were still "soft places", the houses were small, and the roads were narrow. After the first Tokyo Olympics in 1964, the surrounding landscape was completely changed, and the human relationships in the neighborhood had also changed. Sometimes I ask myself: how can we go back to that "softer" era? It is not that I would like the past to return, but I do wonder: how can softness and warmth be regained in a city that has become so sprawling and vast and in a society where everything has become so swift and alienating? There are many hints at answers to this in this book.

I believe that individuality is important, but also that this notion of co-dividuality as presented in this book comes at the right moment to inspire young architects and beyond. My hope is that the second Tokyo Olympics will be a catalyst for enabling the concept of "helping each other" to return to city life.

AVANT-PROPOS

Avant la Seconde Guerre mondiale, les Japonais prenaient grand soin de s'entraider. L'expression japonaise tasukeai 助け合い qui signifie «s'entraider», pourrait être traduite dans une expression plus contemporaine, avec les mots d'aujourd'hui elle signifierait «partager».

Basée sur le concept de l'entraide, la société japonaise était en pleine mutation et en pleine transformation, et les villes et l'architecture étaient conçues sur cette base de l'idée d'entraide. Cependant, après la Seconde Guerre mondiale, le concept de «propriété privée» a été introduit par les États-Unis comme l'un des principes économiques qui ont finalement conduit à la bulle économique バブル景気 survenue au Japon de 1986 à 1990.

Grandement bombardée et presque entièrement détruite, la ville de Tokyo a alors commencé à se reconstruire grâce au béton et au fer, abandonnant ses matériaux de construction traditionnels.

Heureusement, quand je suis né en 1954, le concept «d'entraide» était encore présent dans les diverses strates de la société japonaise, tant dans les zones rurales que dans les zones urbaines. Les villes étaient encore malléables, les maisons étaient petites et les rues étroites. Après les premiers Jeux Olympiques de Tokyo en 1964, le paysage avait complètement changé, et les relations humaines dans le quartier avaient également évoluées. Je me demande parfois comment on pourrait revenir à cette douce époque... Non pas que j'aimerais que le passé revienne, mais je me demande comment retrouver douceur et chaleur dans une ville devenue si grande et vaste, et dans une société où tout est devenu si rapide et aliénant ? Il y a dans ce livre beaucoup de réponses et conseils pour cela.

Je pense que l'individualité est importante mais aussi que cette notion de co-dividualité, telle que présentée dans ce livre, vient au bon moment pour inspirer les jeunes architectes et au-delà. J'espère que les deuxièmes Jeux Olympiques de Tokyo pourront constituer un catalyseur afin de rendre possible le retour du concept d'entraide dans la ville.

PREFACE

Virginie PICON-LEFEBVRE

In Japan, a great number of single family houses lie abandoned (some are even given away for free to those who still want to live in them). This happens in the countryside, in the suburbs, and even in large cities. At the same time, famous Japanese architects are inventing new forms of dwelling which are organized around shared spaces, seeking to create new forms of interrelationships between members of the same family or even strangers.

These incredible "houses" cannot be described as dwellings, since they no longer offer the usual stack of apartments with different surface areas for families of different sizes organized around a few common spaces like the staircases, the corridor, the lift, the entrance, or (in the most luxurious ones) perhaps a gym or a terrace. In these new co-dividual places, different relationships are reinvented between people and families, as shared living spaces are bigger than the private rooms offered for intimacy.

There are some other questions that should be asked about those very seductive and bright examples. On the one hand, it could prove difficult to replicate the concept elsewhere. We know that the Japanese are used to small living spaces. As we have seen in movies, apartments are often cramped as a result of the extreme density one finds in large Japanese metropolises. On the other hand, Japanese houses are usually tiny, and their size is becoming a style in itself.

Secondly, we should also note that this way of life is not completely new in the history of human societies. As the American historian Gwendolyn Wright has demonstrated, the first pilgrims coming in North America didn't want to build large rooms in their big houses, but very small ones as a community: family members and also servants and guests were supposed to spend most of their time under the watchful eye of the group in those common spaces. Privacy and intimacy were seen as a form of danger that could prevent the community from functioning well.

As Claude Levi-Strauss stated, material structures are necessary to help a society to remember at all times the rules which are

PRÉFACE

Au Japon, en pleine campagne, en banlieue et même dans les grandes villes, un grand nombre de maisons individuelles sont abandonnées et certaines sont données à ceux qui voudraient encore y vivre. Parallèlement, de célèbres architectes japonais inventent de nouvelles formes d'habitat, organisées autour d'espaces communs, à la recherche de nouvelles formes d'organisation entre membres d'une même famille, voire d'étrangers.

Ces incroyables «maisons» ne peuvent plus être qualifiées d'immeubles de logements au sens classique du terme, car ils n'offrent plus les superpositions habituelles d'appartements de surfaces différentes pour des familles de tailles différentes organisées autour de quelques espaces communs comme les escaliers, le couloir, l'ascenseur, l'entrée, ou parfois une salle de gymnastique ou une terrasse dans les plus luxueux. Dans ces nouveaux espaces co-individuels, des relations différentes doivent être inventées entre les personnes et les familles car les espaces de vie partagés sont plus grands que les pièces privées réservées pour l'intimité.

Différentes questions se posent à propos de ces exemples très séduisants. D'une part, il pourrait s'avérer difficile de copier ce concept dans d'autres pays sans le faire évoluer. On sait que les Japonais sont habitués à vivre dans de petits espaces et comme on peut le voir au cinéma, les appartements sont souvent exigus en raison de l'extrême densité des grandes métropoles japonaises. D'autre part, les maisons japonaises sont la plupart du temps, minuscules, cette contrainte de terrain a même créé un type nouveau celui de la très petite maison (pet architecture).

On voudrait rappeler que ce mode de vie n'est pas complètement nouveau dans l'histoire des sociétés humaines. Comme l'a montré l'historienne américaine Gwendolyn Wright, les premiers pèlerins venus en Amérique du Nord ne voulaient pas offrir à l'individu de grandes pièces mais au contraire de très petits espaces. En revanche, les espaces collectifs pouvaient être de grandes tailles. Ainsi les membres de la famille mais aussi les domestiques et les invités étaient la plupart du temps sous la surveillance du groupe dans ces espaces communs. La vie privée et l'intimité étaient considérées comme des menaces susceptibles d'empêcher le bon fonctionnement de la communauté.

accepted for the organization of the group. One may believe that changing the material structure will change the social organization and the role played by gender or age. Such a change may help us to imagine a new way of life, even if there are other constraints because of the lack of privacy.

Perhaps co-dividuality is not far from the notion of co-living; it could also be seen as the reinvention of non-religious congregations. Co-dividuality, as well as co-living, could be the solution that will remedy the loneliness of young people, promote a new economy of solidarity and respond to isolated, ageing populations. All of which are common challenges in the postmodern societies of developed countries.

It is our hope that this book will give ideas to a new generation of architects and designers about alternative urban and social material structures, in order to give more choices to those who want to live differently.

Comme l'affirme Claude Levi-Strauss, les structures matérielles sont nécessaires pour aider une société à se rappeler constamment les règles de l'organisation du groupe. En changeant la structure matérielle, on peut changer la vie sociale et le rôle joué par le sexe ou l'âge dans l'organisation de la famille par exemple. Un tel changement dans la manière d'habiter pourrait nous aider à inventer un nouveau mode de vie, même si cela implique des contraintes liées au manque d'intimité.

La co-dividualité, fait un pas de plus car elle implique une organisation précise entre ses membres qui peut être considérée comme la réinvention de nouvelles communautés de vie. La co-dividualité comme le co-living pourraient être des solutions pour remédier à la solitude des jeunes, favoriser une nouvelle économie solidaire, répondre aux problèmes posées par le vieillissement qui sont des défis communs aux pays développées dans nos sociétés postmodernes.

On souhaite vivement que ce livre puisse donner des idées à une nouvelle génération d'architectes et designers pour imaginer des ensembles urbains et socials alternatifs pour donner des opportunités à ceux qui souhaitent vivre différemment.

CO-DIVIDUAL ARCHITECTURE

Salvator-John A. LIOTTA

Following the devastating earthquake and tsunami that hit Japan in March 2011, Japanese society began to question its energetic, environmental and social sustainability. Demographic contraction, global movements, and changes in the labor market have all affected Japanese society's traditional structure, both in the private and in the public sphere [1]. Typologies that not long ago appeared to be closed off, such as private homes, public institutions, schools or offices with fixed desks, are being radically challenged. What we are experiencing is an age of sharing in which private and public spaces are being redefined, undergoing a complete overhaul [2].

Through a selection of projects by the most important names in Japanese architecture, this book offers a contribution to the current debate on how we will live tomorrow by highlighting the notion of co-dividuality: a new way of understanding individualism and collectivity in the 21st century. Co-dividuality is a concept that expresses respect for the specificity and singularity of each person whilst at the same time proposing new visions relating to the need to be together and to create a sense of community.

The notion of co-dividual first emerged in 2016, in connection with the architectural exhibition *Future Vision* in Tokyo. In that context, the house was seen as a starting point for thoughts that could reveal potential solutions to many issues, including energy, communications, mobility, an ageing society, and the relationship between urban and rural settings. The *Future Vision* exhibition had as its main theme the refrain "Split and Connect/Separate and Come Together"[3]: how to bring together and reconnect individuals, people, community in urban and rural areas.

The experimental projects presented in *Future Vision* revolved around the theme of future housing [4], while this book extends the concept of co-dividuality to different areas of Japanese architecture and beyond. Here, the notion of co-dividual architecture is used as a lens through which to analyze the practice of shared living in the era of post-individualism, the omnipresence of social media, and the rise of the shared economy. This book is an attempt to understand the new uses for and the appropriation of public and

ARCHITECTURE CO-DIVIDUELLE

Après le tremblement de terre et le tsunami dévastateurs qui ont frappé le Japon en mars 2011, la société japonaise a commencé à s'interroger sur sa durabilité énergétique, environnementale et sociale. Le recul démographique, les mouvements mondiaux, les évolutions du marché du travail ont tous affecté l'organisation traditionnelle de la société japonaise, tant dans la sphère privée que publique [1]. Des typologies qui, il n'y a pas si longtemps, semblaient être figées, telles les maisons privées, les institutions publiques, les écoles ou les bureaux fixes, ont radicalement été remis en question. Nous vivons une époque de partage dans laquelle les espaces privés et publics se trouvent en pleine redéfinition [2].

A travers une sélection de projets parmi les plus grands noms de l'architecture japonaise, ce livre apporte une contribution au débat actuel sur la façon dont nous vivrons demain en mettant en avant la notion de co-dividualité : une nouvelle façon de comprendre l'individualisme et la collectivité au XXIe siècle. La co-dividualité est un concept qui exprime le respect de la spécificité et de la singularité de chaque personne et qui propose en même temps de nouvelles visions à la nécessité d'être ensemble et de créer un sentiment de communauté.

La première fois que la notion d'architecture co-dividuelle est apparue fut en 2016, à l'occasion de l'exposition *Future Vision* à Tokyo. Dans ce contexte où la maison était considérée comme le point de départ d'une réflexion qui pourrait apporter des réponses possibles à de nombreux questionnements, concernant notamment l'énergie, les communications, la mobilité, le vieillissement de la société et la relation entre les milieux urbains et ruraux. L'exposition *Future Vision* avait pour slogan principal «Couper et connecter/ Séparer et rassembler» [3] : comment réunir et reconnecter les individus, les personnes, les communautés dans les zones urbaines et rurales.

Les projets expérimentaux présentés dans *Future Vision* se concentrent autour du thème de l'habitat de demain [4], tandis que ce livre étend le concept de co-dividualité à différents domaines de l'architecture japonaise et au-delà. La notion d'architecture co-dividuelle est utilisée ici telle un prisme permettant d'analyser

private spaces and the remaking of their respective boundaries. The projects collected and analyzed here offer an overview of architectural experiments that concern the domestic, productive, and leisure spheres.

Shared Houses, redefnition of the boundaries between public and private space

This book tells the story of the emergence of shared houses, investigates the vast theme of the redefinition of the relationship between public and private space in Japan, and details the transformation of Farm Cultural Park – an innovative centre for the arts in Sicily – into a place for sharing during the exhibition on Japanese co-dividuality which took place in 2017 [5].

The idea is to highlight that a new type of architecture is emerging in Japan and elsewhere thanks to co-dividuality: an architecture that presents features definable as post-individualist. Referring to post-individualism does not mean they are collectivist spaces tending towards ideologies or centralized state organization. The focus is more on relieving some of the core symptoms of an over-focus on individualism, including isolation, disconnection from other people, and absence of participation. Co-dividual architecture has the potential to contrast with – and probably to help address – the isolation, alienation, and fragmentation which people are experiencing en masse today regardless of their age or social status [6].

The projects included in this book tell stories of openness of a different type of open spaces that deal with a new organization of the domestic space, open offices and work places, and open institutions that make transparency a must and open up to every citizen [7]. The architecture in this book shows a state of grace, and shows that it has much to offer in terms of a vision for an open society and a contribution to improving the way people live.

In this sense, the projects in this book illustrate different perspectives on and approaches to creating openness. For instance, some of them underline the necessity of bringing back institutions to the city center and of making them accessible [8], or of thinking up businesses that offer a space to welcome the community, not just for selling products. Other projects rethink the separations as aesthetic interfaces, or reflect on how to create collaborative spaces. Some projects offer spaces where people

la pratique de la vie partagée à l'ère du post-individualisme, de l'omniprésence des réseaux sociaux et du développement de l'économie du partage. Ce livre constitue une tentative de comprendre de nouveaux usages et l'appropriation des espaces publics et privés ainsi que la redéfinition de leurs frontières respectives. Les projets rassemblés et analysés ici reflètent un aperçu des expérimentations architecturales qui concernent les sphères domestiques, du travail et des loisirs.

Shared Houses, redéfinition des limites entre espace public et privé

Le livre relate l'histoire de l'émergence des *Shared Houses,* et enquête sur le vaste thème de la redéfinition du rapport entre espace public et privé au Japon, et raconte la transformation de la *Farm Cultural Park* – un centre d'art innovant en Sicile – en un lieu de partage lors de l'exposition sur la co-dividualité qui y a eu lieu en 2017 [5].

L'idée est de mettre en lumière le fait que grâce à la co-dividualité, il apparait un nouveau type d'architecture au Japon et ailleurs: une architecture qui présente des caractéristiques post-individualistes. Se référer au post-individualisme ne signifie pas qu'il s'agisse d'espaces collectivistes menant à des idéologies ou à une organisation centralisée de l'État. L'accent est plutôt mis sur certains des symptômes fondamentaux d'un individualisme auto-centré, notamment l'isolement, la déconnexion des personnes et le manque d'engagement. L'architecture co-dividuelle a ainsi le potentiel de renverser – et probablement d'aider à résoudre – la solitude, l'isolement, la fragmentation dont une partie d'individus souffrent massivement aujourd'hui, indépendamment de leur âge ou de leur statut social [6].

Les projets présentés dans ce livre racontent des expériences de décloisonnement des typologies : des espaces ouverts qui offrent une nouvelle organisation de l'espace domestique, des lieux de travail ou des institutions qui font de la transparence une nécessité en s'ouvrant à chaque citoyen [7]. L'architecture ici présentée expose ainsi un état de grâce et montre qu'elle a beaucoup à offrir pour la vision d'une société plus ouverte tout en contribuant à améliorer la qualité des modes de vie.

Ainsi, les projets présents dans ce livre montrent différentes réflexions et approches qui proposent cette ouverture. Par exemple, certains soulignent la nécessité de ramener les

can feel comfortable alone together, spaces where people can have some privacy after disasters and calamities, or where the elderly can get together in a place designed to safely welcome people suffering from senile dementia.

Spaces for being together

If the 20th century celebrated individualism, the 21st century will probably be the century of sharing, of rediscovering community ties, of making spaces for being together, of places where people can weave new possibilities for encountering each other [9]. The subtitle of the book – Post-individual Architecture – offers a cue to highlight a current need: to respond to the desire to be together, to take care of others, to be part of a community. The notion of individuality is probably the basis of the modernization of Western states [10]. Philosophers and economists theorize that individual freedom is a necessary condition for the human being. Undoubtedly, individualism has made it possible to emancipate individuals from the traditional family groups they belonged to. However, there is now considerable demand to renew habits of togetherness and community life; there is a demand for a new social organization, and this is reflected in spatial organization [11].

Japan is witnessing a change in the organization of private but also public spaces. The nation is experimenting with new forms of aggregation: craft workshops, bookshops and cafes, for instance, which are both public spaces of passage and places for breaks and connections between different parties. Apartment-sharing between strangers is rare in Japan, with most single people preferring to live in small-sized individual apartments [12]. However, in recent years, with Japan undergoing demographic and socioeconomic change, it is becoming more common for young people to share apartments [13]. Houses once accessible only to members of the family are now places that offer community restaurants, spaces for craft work, and places to practice yoga or have a coffee with friends [14].

In particular, there has been a contraction in the composition of the family nucleus, from six to eight members per family in the years before World War I to about five members from the 1920s to the mid-1950s. Between the 1960s and the 1970s, the average size of households went down significantly, to 3.41 members [15]. The number of household members has continued to decline, dropping to 2.33 in 2019. Although the Japanese population has shifted

institutions en centre ville et de les rendre accessibles ou de penser à des commerces qui puissent offrir un espace pour y accueillir la communauté et pas seulement pour y vendre des produits [8]. Ces projets repensent les séparations comme des interfaces esthétiques et réfléchissent sur la façon d'en faire des espaces collaboratifs. Dans certains projets, il y a des espaces où les individus peuvent se sentir bien seuls mais entourés, des espaces où l'intimité est possible après des catastrophes ou des désastres et où des personnes âgées peuvent se réunir dans un espace conçu pour les accueillir en toute sécurité en prenant en compte leur état de sénilité.

Des espaces pour être ensemble

Si le XXe siècle a célébré l'individualisme, le XXIe siècle sera probablement le siècle du partage, de la redécouverte des liens communautaires, de la création d'espaces pour l'être-ensemble, de lieux où les gens puissent tisser de nouveaux liens [9]. Le sous-titre du livre – Architecture post-individuelle – met en évidence les besoins actuels suivants : répondre au désir d'être ensemble, prendre soin des autres, faire partie d'une communauté. La notion d'individualité est probablement à la base de la modernisation des États occidentaux [10]. Des philosophes et des économistes théorisent ainsi la liberté individuelle comme un besoin essentiel pour l'être humain. Sans aucun doute, l'individualisme a permis d'émanciper les individus des groupes familiaux traditionnels auxquels ils appartenaient. Mais aujourd'hui, apparait une forte demande de renouvellement des façons d'être-ensemble ; il existe ainsi une demande nouvelle d'organisation sociale qui se reflète dans une organisation spatiale innovante [11].

Le Japon assiste à un changement dans l'organisation des espaces privés mais aussi publics. Il expérimente de nouvelles formes d'être ensemble : ainsi les espaces de travail, librairies et cafés deviennent à la fois des espaces publics de rencontre et des lieux de pause et de ressource. Le partage d'appartement hors du noyau familial est rare au Japon, la plupart des personnes seules préférant vivre dans des appartements individuels de petite taille [12]. Cependant, ces dernières années, alors que le Japon traverse des changements démographiques et socio-économiques importants, il est devenu plus courant pour les jeunes de partager leur logement [13]. L'habitat autrefois accessible uniquement aux membres de la famille est maintenant un lieu qui s'ouvre à des restaurants communautaires, des espaces de travail, de pratique

into a phase of decline, the number of households is expected to continue to increase for some years to come, as the size of the average household will continue shrinking at a slow pace [16].

Shared houses are a new way of living together, and architects are experimenting with new mixed programs that soften the rigidity produced by the mono-nuclear family pattern. To this extent, post-individualism is a concept that accepts individualism, but is also open to renewed needs for a global community. The emergence of shared houses seems to respond to the specific qualities of urban life. While in other countries such as Italy, the USA, or France the flat-sharing experience has existed for several decades (especially for university students and young workers), the Japanese have never been inclined to share houses. The dominant model has been the single one-room apartment. The first Japanese shared houses designed as such date back to early 2010 [17]. Tokyo is a city with peaks that reach almost 50% of inhabitants living alone [18]. In social and environmental terms and in terms of energy use, this pattern is no longer sustainable. In all probability, it is no longer possible for every single student or young worker to have his or her own washing machine, refrigerator, and television. Clearly, it is now necessary to reflect on how to adapt housing to an evolving lifestyle.

Significant interstices and places of transit are currently multiplying. In these zones, the urban daily experience results in a continuous flow, fed by a combination of digital nomadic citizens and local citizens seeking for emancipation from the traditional model of meeting. In a café, for instance, people can have a coffee or eat a sandwich, but they can also attend a book presentation or a concert, or go there because there are other people working or studying there, and because this creates an atmosphere that favors concentration. In a bookshop, an interview with a writer might be accompanied by the opening of a photo exhibition or a cooking show. Bicycles are repaired in the fruit and vegetable shop; and a glass of wine can be ordered whilst waiting at the hairdressers. At the heart of this new promiscuity of programs is a desire to share, a desire for community, friendship, mutual enrichment, and exposure, but, above all, probably, a desire not to obey pre-formatted schemes [19].

What is important today is to imagine and open up spaces of freedom, spaces designed to accommodate a plurality of

du yoga ou pour prendre un café entre amis [14]. En particulier, la composition du noyau familial s'est réduite, passant de six à huit membres par famille avant la première guerre mondiale à environ cinq personnes entre 1920 et le milieu des années cinquante. Entre les années soixante et soixante-dix, la taille moyenne des ménages a diminué de façon significative pour atteindre 3,41 membres [15]. Le nombre de membres par ménages a continué à décroitre, pour atteindre 2,33 en 2019. Bien que la population japonaise soit entrée dans une phase de déclin, le nombre de ménages devrait continuer à augmenter pendant quelques années encore, alors que la taille du ménage moyen continuera à diminuer lentement [16].

Les logements partagés représentent une nouvelle façon de vivre ensemble et les architectes expérimentent de nouveaux programmes mixtes qui atténuent l'uniformité engendrée par le modèle familial mononucléaire. En ce sens, le post-individualisme est un concept qui accepte l'individualisme tout en étant aussi ouvert aux nouveaux besoins de la communauté globale. L'apparition de logements partagés semble répondre à une spécificité de la vie urbaine. Alors que dans d'autres pays comme l'Italie, les États-Unis ou la France, des expériences de partage d'appartement existent depuis plusieurs décennies (en particulier chez les étudiants et les jeunes travailleurs), les japonais n'ont jamais été enclins à partager leur habitat. Le modèle dominant a été celui du studio. Les premières *shared-house* japonaises conçues comme telles datent du début des années 2010 [17]. Tokyo atteint presque 50% d'habitants vivants seuls [18]. En terme énergétique, social et environnemental, ce modèle n'est plus soutenable. Il n'est plus possible que chaque étudiant ou jeune actif dispose de sa propre machine à laver, de son réfrigérateur et de sa télévision. Il est évident qu'une réflexion sur l'adaptation des logements à ces évolutions des modes de vie s'impose.

Des interstices et des lieux de transition importants se multiplient. Cela se traduit par la composition d'un flux continu de citoyens nomades numériques et d'autres physiques en quête d'émancipation par rapport aux modèles classiques de rencontres. Ainsi, on peut prendre un café ou manger un sandwich, assister à la présentation d'un livre ou à un concert, ou se retrouver pour travailler et étudier, créant ainsi une atmosphère qui favorise la concentration. Dans une librairie, l'interview d'un écrivain peut être accompagnée de l'ouverture d'une exposition de photos ; les vélos

functions that have not been defined in advance but that facilitate encounters and favor the conditions to create a new sense of community. Today more than ever, there is a need to create spaces for creative freedom, spaces where people feel free. Every space with these qualities becomes a place of coexistence. These spaces extend to the domestic and public sphere as well. According to statistics from a number of sources [20], there are thousands of people sharing rooms in metropolitan areas, living together in houses that are not designed for several people living together, more for practical reasons such as saving money on rent, or sharing expenses. Shared houses can make the experience of flat-sharing and living together much richer and more intense as is demonstrated by the projects of Shinohara and Uchimura, Naruse and Inokuma, or Fujimoto. The shared houses of today respond to an unconventional type of demand in Japan, emanating from workers or students who prefer to live in spaces where 50% of the living space is dedicated to common spaces. The occupants are willing to pay the same as for a one-room apartment or even more to have a smaller private space, but with a larger common area [21].

Not only homes, but also workplaces are becoming more flexible and open to different types of usage, as is demonstrated in the in SOHO unit realized by NAKA Architects or in the Apartments for artists in Yokohama. These kinds of projects offer additional spaces that open up to the presence of people who are not the occupants of the house, creating a dimension for further encounters. People can go beyond the traditional family pattern to create a community of affinity or destiny. The shared office that became fashionable in the first years of the millennium is today being redefined as a co-working space [22]. However, whereas the open office space respected the idea of traditional company organization, the idea of co-working for freelance workers questions the values of the organization and of the corporate system of belonging in the Japanese companies. This type of space, where a work space becomes *public* and open to individuals, challenges the traditional organizational principles of Japanese society, as shown in the Shibaura building project designed by Sejima or in Atelier Tenjinyama conceived by Ikimono Architects.

The sharing economy, co-working, co-living, and being "prosumers" are all elements that generate coordinates for the new relationships between supply and demand. This book presents

peuvent être réparés dans un magasin de fruits et légumes ; et un verre de vin commandé entre deux coupes chez le coiffeur. A la base de cette nouvelle mixité des programmes, il y a un désir de partage, un désir de communauté, d'enrichissement mutuel, mais probablement aussi de ne pas obéir à des schémas préconçus [19].

Ce qui importe aujourd'hui, c'est d'imaginer et d'ouvrir des espaces de liberté, des espaces conçus pour accueillir une pluralité de fonctions non définies à l'avance afin de faciliter les rencontres et de favoriser les conditions pour créer un véritable sentiment de communauté. Aujourd'hui plus que jamais, il est nécessaire de créer des espaces de liberté créative, des espaces où les gens se sentent libres. Les espaces ayant ces qualités deviennent des lieux de coexistence. Ces espaces concernent aussi bien la sphère domestique que publique. Dans les zones métropolitaines, des milliers de personnes partagent des appartements [20], d'abord pour des raisons pratiques et économiques. Grâce aux logements partagés, l'expérience de la vie en commun peut s'enrichir et s'intensifier comme le montrent les projets de Shinohara et Uchimura, Naruse et Inokuma ou Fujimoto. Les *shared-house* répondent aujourd'hui à un type de besoin inédit au Japon pour les actifs ou les étudiants qui préfèrent vivre dans des espaces où 50% de la surface habitable est dédiée aux espaces communs. Les occupants sont prêts à payer le même prix que pour un studio pour disposer d'un espace privé plus petit au profit d'un espace commun plus grand [21].

Non seulement les logements, mais aussi les lieux de travail deviennent plus flexibles et ouverts à différents types d'usages comme le montrent l'unité SOHO réalisée par NAKA Architects ou encore les appartements pour artistes à Yokohama. Ces projets profitent d'espaces supplémentaires qui s'ouvrent à la présence de personnes extérieures à la *shared-house*, offrant une autre possibilité de rencontres. Les individus peuvent dépasser le modèle familial traditionnel pour créer une communauté d'affinité ou de destin. Les bureaux partagés qui étaient à la mode dans les années 2000, rencontrent aujourd'hui un nouvel élan grâce aux espaces de *co-working* [22]. Cependant si l'espace partagé respecte l'idée d'entreprises traditionnelles et d'organisation des personnels, l'idée du *co-workings* dédiés à des travailleurs indépendants remet en question les valeurs d'organisation et d'appartenance propres aux entreprises japonaises. Ce type

a number of projects that demonstrate that there is yet another category to consider: that of co-dividuality. This category includes different types of projects that place people, and not goods or commodities, at the center of the space. This book puts together a collection of projects that emphasize consumer dynamics that are not based on the dichotomy of seller vs. buyer, or individual vs. mass. Instead, they are about the change of dynamics in forming communities today, focusing on the active participation of individuals through self-service practices (as in the Share Yaraicho project, in the project by studio mnm, or in the KAIT workshop of Ishigami) and through access to goods and services mediated by the extraordinary development of technologies mixed with subsequent physical involvement.

Co-working, co-living, shops, coffee shops, museums, and art galleries have become public spaces of passage and connection between different situations. They represent places of meeting and exposure, where one has the possibility of meeting other people, but also of exposing oneself to a cosmopolitan way of living [23]. This is demonstrated by the Yokohama Apartments project or the NA house. Among the architectures present in this book, the Moriyama House of Nishizawa is perhaps the most eccentric. The rooms here are scattered elements of a language that previously found its synthesis within a compact mono-volume that was defined as home. The Moriyama House represents the disarticulation of the single volume into several fragments that are connected through the external space. There are no more corridors or sliding doors to connect the occupants' rooms, but the garden as a common space.

In the LT Josai project (a shared house in Kyoto by Naruse and Inokuma) or in the Shared House in Yaraicho in Tokyo conceived by Shinohara and Uchimura, the interior space does not have a hierarchic organization in which the master bedroom is the largest room. Instead, all the rooms have the same status. The space is organized according to a principle of horizontality. The circulation spaces inside the house are expanded to accommodate common functions: the staircase houses a bookcase for collective use. It is no longer just an element of transition, but a meeting place. The living room and kitchen invite the occupants to gather and make use of the common areas. Monthly seminar activities with cooks or artists are held so that people can get together. This change is essential in redefining the spatial relationships within the home, and also the relationships between the occupants. If the interior space

d'espace où l'espace de travail devient *public* et s'ouvre à l'individu, remet en question les principes d'organisation classique de la société japonaise comme le montrent le projet de bureaux de Shibaura ou l'Atelier Tenjinyama conçu par Ikimono Architects.

L'économie du partage, le *co-working*, le cohabitat, et être «prosommateur» constituent chacun des éléments qui génèrent les données de nouveaux rapports entre l'offre et la demande. Ce livre présente un certain nombre de projets qui démontrent qu'il existe désormais une autre typologie à considérer : celle de la co-dividualité. Cette catégorie comprend différents types de projets qui placent les personnes au centre de l'espace et non les biens ou les marchandises. Le livre rassemble une collection de projets qui mettent l'accent sur la dynamique du consommateur et qui ne sont pas basés sur la dichotomie vendeur/acheteur ou individu/masse. Il s'agit plutôt d'un changement de dynamique dans la formation des communautés aujourd'hui, en mettant l'accent sur la participation active des individus à travers des pratiques de libre service (comme dans le projet Share Yaraicho, de Stduio mnm ou dans l'atelier KAIT d'Ishigami) où l'accès aux biens et services se fait tant grâce au développement extraordinaire de technologies mixtes qu'à une implication corporelle.

Les *co-working*, les colocations, les magasins, les cafés, les musées et les galeries d'art sont devenus des espaces publics de passage et de connexion entre différentes situations. Ils représentent des lieux de rencontre et de société, permettant de se retrouver avec d'autres personnes mais aussi de s'exposer à un mode de vie cosmopolite comme le montre le projet d'appartements de Yokohama ou la maison de NA. Parmi les architectures présentes dans ce livre, la maison Moriyama de Nishizawa est peut-être la plus excentrique. Les pièces ici sont des éléments épars d'un langage qui trouvait antan sa synthèse au sein d'un volume unique et compact défini comme le foyer. La maison Moriyama représente la désarticulation de ce volume unique en plusieurs fragments reliés entre eux par l'espace extérieur. Il n'y a plus de couloirs ni de portes coulissantes pour relier les pièces des occupants, mais un jardin comme espace commun.

Dans le projet LT Josai (une maison partagée à Kyoto conçu par Naruse et Inokuma) ou dans la *shared-house* à Yaraicho à Tokyo conçue par Shinohara et Uchimura, l'espace intérieur n'a pas une organisation hiérarchique dans laquelle la pièce principale est la

of a house belongs to its occupants, the exterior space belongs to everyone – but if the space is conceived as transparent (as in Fujimoto's NA house) or it is no longer made of solid perimeter walls (as in Moriyama House), then it stages a different way of living. This is a new way of rethinking the boundaries between what is public and what is private. The boundaries, the thresholds, the internal limits of private and public spaces, and the external limits that are intended as an interface between home and city: all of these take on different connotations. The projects contained in this book tell of how the architects have responded pragmatically and optimistically to these themes with their own visions.

In-dividual, co-dividual

This book highlights the notion of co-dividuality, presented as a new way of understanding individualism and collectivity. Openness, collaboration, and the search for spaces where people can feel good together are the themes that this book highlights, as seen through the lens of architecture. The word "individual" comes from the Latin, and means "inseparable", whereas "dividuo" means "to divide, to separate". Whilst "dividual" means "divided", "individual" means "undivided". "Undivided" refers to a complete human being, an individual who becomes a person in relation to other humans.

In his work *Human, too human,* Nietzsche hints at *"a self-scission of man"* through which *"man loves something of himself, a thought, a desire, an achievement more than something else of himself"* [24]. In this way he treats himself "no longer as individuum, but as dividuum". Today, we are separated members of a society shaped by liberalism ideologies geared to the development of finance and economy more than everything else: the individual has collapsed, debased as man and used as a means to an end. Life loses value; affections lose value.

The *"dividual"* is the human being seen not in his completeness, but catalogued as a consumer. Man is considered not as an individual, not as a person, but as a buyer, as a taxpayer, as a producer of income. In a certain sense he is divided, fragmented. The French philosopher Michel Foucault analyzed what he called disciplinary societies, whose most active period can be situated from the 18th century to the middle of the 20th century. The project of these societies is *"to concentrate; to distribute in space; to order in time; to compose in space-time a productive force whose effect must be greater than the sum of the elementary forces"* [25]. From

plus grande, mais toutes les pièces ont le même statut. L'espace est organisé selon un principe d'horizontalité. Les espaces de circulation à l'intérieur de la maison sont élargis pour accueillir des fonctions communes : l'escalier abrite une bibliothèque à usage collectif, devenant ainsi non plus un élément de transition mais un lieu de rencontre. Le salon et la cuisine invitent les occupants à se réunir et à utiliser les espaces communs. Des séminaires mensuels avec des cuisiniers ou des artistes sont organisés pour que les habitants puissent se réunir. Ce mouvement est essentiel pour redéfinir les relations spatiales au sein du foyer et entre ses habitants. Si l'espace intérieur d'une maison appartient à ses occupants, l'espace extérieur est pour tous, mais lorsque l'espace est conçu comme transparent (comme dans la maison NA de Fujimoto) ou qu'il n'est plus fait de murs périphériques (comme dans la maison Moriyama), il s'instaure alors un mode de vie différent. Les frontières, les seuils, les limites internes des espaces privés et publics, les limites externes destinées à servir d'interface entre la maison et la ville prennent des connotations différentes. Les projets présentés dans ce livre montrent comment les architectes ont réagi à ces thèmes de manière pragmatique et optimiste, avec leurs propres visions.

In-dividuel, co-dividuel

Le livre met en avant la notion de co-dividualité : elle est présentée comme une nouvelle façon de comprendre l'individualisme et la collectivité. L'ouverture, la collaboration, la recherche d'espaces de partage sont les thèmes que ce livre met en évidence. Le mot «individu» vient du latin, il signifie «inséparable», alors que «dividuo» signifie «diviser, séparer». Tandis que «dividuel» signifie «séparer», «individuel» signifie «indivisible». «Indivisible» se réfère à un être humain complet, un individu qui devient une personne par rapport aux autres humains.

Nietzsche dans *Humain, trop humain* laisse entendre une auto-scission de l'homme par laquelle «l'homme aime quelque chose de lui-même, une pensée, un désir, une réalisation plus que quelque chose d'autre de lui-même, de cette façon il se considère non plus comme individuum, mais comme dividuum» [23]. Nous sommes aujourd'hui des membres individuels d'une société façonnée par les idéologies du libéralisme visant à développer la finance et l'économie plus que tout : l'individu s'est effondré, avili comme homme et utilisé comme un moyen pour une fin. La vie perd de sa valeur, et les relations affectives aussi.

this, one proceeds to *"the organization of enclosed environments"*, with each person passing, individually and successively, from one enclosed environment to another. In *Postscript on the Societies of Control*, Deleuze writes that, *"We are no longer dealing with a duality of mass and individual. Individuals become 'dividuals,' and masses become samples, data, markets, or banks"* [26].

The word "individual" has a double meaning – it refers to something being indivisible, a singular thing that cannot be divided, but it also indicates separateness, as in the term "individualism": it signifies that one is at the same time inseparable from oneself and separated from the rest. Therefore, the individual, the cornerstone of liberal worldviews, is in itself a paradox. The emergence of the concept of individualism has to do with the relationship between the state and the individual. It is no longer the family, close relatives, or the community who look after a person in need: it is the state that takes care of individuals and pays their salaries and pensions.

Deleuze describes the *dividual* in order to denote the end of the individual as a product of humanist liberalism [27]. The French philosopher underlines a move away from the disciplinary societies of the 18th and 19th centuries described by Foucault. The ordering of the societies of control is comparable to the organization of vast spaces of enclosure. Individuals move from one confined site to another, each with its own laws: from the family to school, then to the factory/office/work, to hospital from time to time, maybe to prison, the model site of confinement. With the move to the societies of control, Deleuze writes that "control" extends to all environments of enclosure: prison, hospital, factory, school, office, and family. What Deleuze is describing is the life of the overqualified generation – always in school, always in debt, always dependent on family, always recruited, always in need of medication, always unemployed or in between jobs, but at the same time working endlessly [28].

Deleuze defines the *dividual* as a product of the societies of control in which the most important feature is no longer a signature (the quintessence of a personality) but a code. Deleuze sees this new entity, the dividual, as a dissected self, roaming through physical or digital networks. Converged through production protocols and the debt economy, the dividual is in constant negotiation. A non-fixed and mobile flow, always partial, the dividual is in the process of subjectivation. A subjectivation that may perhaps need to incarnate

Le «dividuel» est l'être humain vu non pas dans sa totalité, mais catalogué comme consommateur. L'homme est considéré non pas comme un individu, ni comme une personne, mais comme un contribuable, un producteur de revenus. En un certain sens il est divisé, fragmenté. Le philosophe français Michel Foucault a analysé ce qu'il a appelé les sociétés disciplinaires, dont la période la plus représentative se situe du XVIIIe siècle au milieu du XXe siècle. Le projet de ces sociétés est «de concentrer ; de distribuer dans l'espace ; d'ordonner dans le temps ; de composer dans l'espace-temps une force productive dont l'effet doit être supérieur à la somme des forces élémentaires» [25]. Et pour cela, on procède à «l'organisation des milieux clos», chaque personne passant, individuellement et successivement, d'un milieu clos à un autre. Deleuze écrit qu' «On ne se trouve plus devant le couple masse-individu. Les individus sont devenus des «dividuels», et les masses, des échantillons, des données, des marchés ou des «banques»». [26].

Le mot individu adopte un double sens : il se réfère à quelque chose d'indivisible, une chose singulière qui ne peut être divisée, mais il indique aussi la séparation, comme dans le terme «individualisme»: à la fois inséparable de lui-même et séparé du reste. L'individu, pierre angulaire des visions du monde libéral, constitue en soi un paradoxe. L'émergence du concept d'individualisme est liée à la relation entre l'État et les individus. Ce n'est plus la famille, ni les proches, ni la communauté qui s'occupent d'une personne dans le besoin : c'est l'État qui s'occupe des individus et qui paie leurs salaires et leurs pensions.

Dans le *Post-scriptum sur les sociétés de contrôle* Deleuze décrit le *dividuel* pour indiquer la fin de l'individu en tant que produit du libéralisme [27]. Le philosophe français souligne un changement par rapport aux sociétés disciplinaires des XVIIIe et XIXe siècles décrites par Foucault. L'ordre des sociétés de contrôle est comparable à l'organisation des grands milieux d'enfermement: l'individu ne cesse de passer d'un milieu clos à un autre, chacun ayant ses lois : d'abord la famille, puis l'école («tu n'es plus dans ta famille»), puis la caserne («tu n'es plus à l'école»), puis l'usine, de temps en temps l'hôpital, éventuellement la prison, le lieu modèle du confinement. Avec le passage aux sociétés de contrôle, Deleuze écrit que le «contrôle» implique tous les milieux d'enfermement : prison, hôpital, usine, école, bureau et famille. Ce que Deleuze décrit, c'est la vie de générations surqualifiées

in a body to avoid being separate parts of a bigger game made of dividuals.

In this respect, this book proves that there are different modes for resisting the society of control. It also optimistically pairs individualism – the individualism that has turned people into dividuals – with co-dividualism. It is no coincidence that the subtitle of the book contains the words post-individual architecture. In reality, such an architecture is a quest for spaces of freedom and openness. No more confined areas within which individuals move, but open, accessible, promiscuous places; accelerators of encounters and founders of communities that allow us not to remain alone. In his *Homo Deus*, Harari [29] warns about the danger of isolation, and urges people to meet and form communities, so not to be isolated. This is because people are easier to manipulate when they are isolated.

What is Co-dividuality? tells stories of openness, of architectural spaces that do not reproduce past logics but try to offer pragmatic solutions for sharing space, ideas, and experiences. The ultimate goal is to create new open spaces where one can feel at ease with oneself and with others. The hope is that a renewed desire to be together can creatively establish the new communities of the future and bring a breath of fresh air and a desire for freedom that goes beyond any current definition of space and place. This is the concept of co-dividual architecture presented in this publication.

– toujours à l'école, toujours endettée, toujours dépendante de la famille, toujours recrutée, toujours en manque de médicaments, toujours au chômage ou entre deux emplois, mais en même temps travaillant sans fin [28].

Deleuze décrit le *dividuel* comme un produit des sociétés de contrôle dans lesquelles le trait le plus important n'est plus une signature (la quintessence d'une personnalité) mais un code. Cette nouvelle entité, le *dividuel*, pour Deleuze est un moi disséqué, errant à travers les réseaux physiques ou numériques. Convergeant à travers les protocoles de production et l'économie de la dette, le *dividuel* est en constante négociation. Un flux non figé et mobile, toujours partiel, le dividuel est en cours de subjectivation. Une subjectivation qui a peut-être besoin de s'incarner dans un corps pour éviter de devenir les pièces séparées d'un jeu plus grand constitué de *dividuels*.

En ce sens, ce livre prouve qu'il existe différents moyens permettant de résister à la société de contrôle. Il associe avec optimisme l'individualisme – qui a transformé les individus en *dividuels* – au co-divualisme. Ce n'est pas un hasard si le sous-titre du livre contient les mots : architecture post-individuelle, en réalité ce type d'architecture représente une quête d'espaces, de liberté et d'ouverture. Plus d'espaces confinés dans lesquels les individus se déplacent, mais des lieux ouverts, accessibles, des lieux d'échange ; accélérateurs de rencontres et fondateurs de communautés qui nous permettent de ne pas rester seuls. Harari [29] dans son *Homo Deus* met en garde contre le danger d'isolement et exhorte les personnes à se rencontrer et à former des communautés afin de ne pas être isolés. Cela car les personnes isolées sont plus facilement manipulables.

*Qu'est-ce que la co-dividualit*é *?* présente des exemples architecturaux qui proposent des solutions pragmatiques de partage d'espace, d'idées et d'expériences. Le but ultime est de créer de nouveaux espaces ouverts où l'on se sente bien avec soi-même et avec les autres. Dans l'espoir qu'un désir renouvelé d'être ensemble puisse établir de façon créative les nouvelles communautés du futur et apporter un vent d'air frais et un désir de liberté qui aille au delà de la simple définition d'espace et de lieu. C'est le concept d'architecture co-dividuelle présenté dans cette publication.

CO-HOUSING AND CO-DIVIDUAL SPACE

Fabienne LOUYOT

In the Western world, ways of living have recently been transformed by absorbing new practices of sharing economies, particularly through the development of shared accommodation in apartments not necessarily intended for this. In Japan, a typology has been developed to meet this new need. Shared houses now offer rooms that may or may not be shared, as well as common areas.

Thus, if house sharing in its various forms is not a recent phenomenon, we are seeing a new phenomenon in terms of the scale it is currently taking, and the proportions of shared housing today whose composition is well beyond the traditional family core that has characterized the housing model of Western society for decades. The last two decades in Europe and North America have seen the emergence of new forms of living which tend to pool in housing units: shared spaces that are collectively financed and managed. This phenomenon, often described as co-housing or participative housing, proposes a new way of thinking about such projects by involving the inhabitants in their future housing beforehand. In parallel to this, there is the phenomenon of co-housing widely seen in student communities and among young working people, in housing not designed for this purpose. For architects, this represents the emergence of an opening for new programs and new typologies whose forms and architecture have yet to be invented.

What is really new and innovative and calls for reflection on the new forms that these phenomena can take is the proportion of shared accommodation in the housing stock of major cities, and the fact that the number of people living in shared accommodation has more than doubled since the 1980s [30]. These manifestoes for an alternative form of living thus take on different facets: these can be referred to as "co-housing", "co-living", and (as in this book) "co-dividual space".

The difference between co-dividual architecture and co-housing is this: a co-housing project has a part intended as individual dwellings and a part intended as common space (with a clear separation maintained between the two areas because the project is primarily intended for family users), whereas in co-dividual

---

CO-HABITAT ET ESPACE CO-DIVIDUEL

Dans le monde occidental, les modes d'habiter ont été récemment transformés et rattrapés par les nouvelles pratiques d'économies du partage, notamment à travers le développement de la colocation dans des appartements pas forcément prévus pour cela au départ. Au Japon, il s'est développé une typologie qui répond à ce nouveau besoin, ainsi les *shared-house* proposent des chambres partagées ou non, et des espaces en communs.

Ainsi, si la colocation dans ses différentes formes n'est pas un phénomène récent, ce qui l'est plus c'est l'ampleur qu'elle prend actuellement et les proportions de logements partagés aujourd'hui dont la composition se situe bien au-delà du traditionnel noyau familial qui a caractérisé le mode d'habitat de la société occidentale pendant des décennies. On a assisté ainsi ces deux dernières décades, en Europe et en Amérique du Nord, à l'émergence de nouvelles formes d'habiter, qui tend à mettre en communs dans des unités de logements, des espaces partagés, financés et gérés collectivement. Ce phénomène souvent décrit comme co-habitat ou habitat participatif, propose une nouvelle façon de penser le projet, en amont et en impliquant les habitants dans leur futur logement, avec en parallèle le phénomène de la colocation qui s'est largement développé dans les communautés étudiante et de jeunes actifs, et cela dans des logements qui n'étaient pas pensés pour cela. Il s'agit là de l'émergence pour les architectes de l'ouverture vers de nouveaux programmes et de nouvelles typologies dont les formes et dont l'architecture restent à inventer.

Ainsi, ce qui est réellement nouveau et innovant et qui appelle à une réflexion sur les nouvelles formes que peuvent prendre ces phénomènes, c'est la proportion que la colocation représente aujourd'hui dans le parc immobilier des grandes métropoles, et le constat que le nombre de personnes vivant en colocation a plus que doublé depuis les années 80 [30]. Ces affirmations pour une forme alternative de l'habiter prennent ainsi différentes physionomies qui peuvent être désignées sous les termes de co-habitat, co-living, co-housing et dans cet ouvrage, d'espace co-dividuel.

La différence entre l'architecture co-dividuelle et le co-habitat réside dans le fait que les projets de co-habitat prévoient de

architecture the attention is directed to the person himself. What is held in common is his own experience, his own person and individuality. We believe that years of development of personal skills and attention to individual growth (associated with the arrival of new media) have further eroded the spaces and opportunities for creating a community. At the same time, there is an epochal change taking place linked to the emergence of the sharing economy, social media, and a new way of organizing the sharing of goods and experiences. The different notions of co-living, co-housing, or the sharing economy are part of this redefinition; they refer to unconventional housing initiatives where the specificity that characterizes them is that of sharing space and experiences. The co-dividual space proposes to push the limits even further by further implicating the individual as such in a new form of living.

In this context (a context in which home ownership has become extremely difficult) the market is combining the real estate pressure of the major cities with an incessant increase in the price per square meter for both purchases and rentals. This has gradually increased this trend towards finding new housing solutions. Thus, according to the 2019 Observatory of the shared accommodation market (see the Locservices.fr website), the number of requests for shared accommodation in Paris is much higher in the center than in the inner and outer suburbs. Also, an independent studio apartment costs 19% more than a shared room. In the first quarter of 2017, 45% of flat mates were employees; this is a first, and puts them ahead of students, who historically favored this type of accommodation [31].

If the pooling of resources constituted by housing is first and foremost an alternative to an economic need, then this need has shifted, little by little, towards an attraction that emphasizes sharing and new types of ties, which are constitutive of a new type of community where living together constitutes an added value and an alternative to the classic housing unit formed by the strict family core. In this way, shared accommodation has developed into different forms, offering a range of services or possibilities that open up new fields and opportunities for their inhabitants. Among these (initially based on the co-working model), we have seen the growing development of housing units called co-living or co-housing, which thus represent a new way of life, based on the sharing of resources and the common experiences of their inhabitants. In this chapter, the factors that specifically characterize

différencier dans le bâtiment des espaces destinés aux logements et des espaces destinés aux usages communs tout en maintenant une séparation nette entre ces deux zones étant donné que ces projets s'adressent avant tout à un utilisateur familial. Dans l'architecture co-dividuelle l'attention est dirigée vers la personne en tant qu'unité, ce qui est mis en commun est à la fois sa propre expérience, sa propre personne et son individualité. Nous pensons que les années de développement des compétences personnelles et d'attention à la croissance individuelle, associées à l'arrivée des nouveaux médias, ont encore érodé les espaces et les possibilités d'être et de former une communauté. En même temps, il s'opère un changement d'époque lié à l'émergence de l'économie du partage, des réseaux sociaux et d'une nouvelle façon d'organiser le partage des biens et des expériences. Les différentes notions de co-living, de co-habitat ou d'économie du partage font partie de cette redéfinition et désignent des initiatives non conventionnelles d'habitat où la spécificité qui les caractérise est celle du partage d'espace et d'expériences. L'espace co-dividuel propose d'en repousser les limites encore plus loin en impliquant encore davantage l'individu en tant que tel dans une nouvelle forme d'habiter.

Dans ce contexte où l'accession à la propriété est devenue extrêmement difficile, le marché cumule la pression immobilière des grandes métropoles avec l'augmentation incessante des prix du mètre carré à l'achat comme à la location, ce qui a fait progressivement accroître cette tendance à trouver de nouvelles solutions de logement. Ainsi selon l'Observatoire 2019 du marché de la colocation (voir le site Locservices.fr), le nombre de demandes de colocation à Paris est bien plus important dans le centre que dans la première couronne et la deuxième couronne, et un studio indépendant coute 19% plus cher qu'une chambre en colocation. Au premier trimestre 2017, pour la première fois 45% des colocataires sont des salariés devant les étudiants, qui plébiscitaient historiquement ce mode de logement [31].

Si la mise en communs de la ressource que constitue l'habitat constitue en premier lieu une alternative à un besoin économique, peu à peu ce besoin s'est déplacé vers une attractivité qui met en valeurs le partage et de nouveaux types de liens, qui soient constitutifs d'un nouveau type de communauté où le vivre ensemble constitue une plus-value et une alternative à la cellule classique d'habitat formé par le noyau familial stricte. Et c'est

co-living will be analyzed, in order to provide a definition of co-living while situating it in relation to the co-dividual space. In a second step, this chapter explains how co-living differs from the notion of co-dividuality and how co-dividual architecture takes another step forward in relation to the notion of co-habitats. Finally, the answers provided by the co-dividual architecture will be discussed, along with how it allows us to rethink new ways of living.

The phenomenon of space-sharing was first experienced in offices. Gradually, assisted by real estate and land pressure, this trend shifted to housing spaces. Different forms of organization appeared. In Germany and other Northern European countries, residents' cooperatives were formed to organize the construction of new types of buildings. The pooling of spaces and services allowed each person to rethink their practices and uses while offering extra spaces and logistical support that could benefit everyone, things that traditional co-ownership was not able to provide or manage. These are shared benefits available to all inhabitants, such as spaces for children's birthdays, an extra room that one can reserve in advance when welcoming family members, laundries, workshops, or even co-working spaces, bicycle garages, or sports halls.

Since the 2000s, companies have also been offering these pools in the USA, under the concept of co-living. Thus in California and New York, different experiences have been created on a larger scale, notably through the rehabilitation/transformation of office buildings. One such project is located in New York; it brings together 80 employees of the company We Work in 45 apartments located on Wall Street, and it should soon be housing 600 people on 20 floors. The apartments are independent, thus preserving the traditional notions of privacy of conventional housing, while facilitating links between residents through a series of shared spaces. This project offers spaces peripheral to the apartments which are thought out and designed with the aim of encouraging encounters while also preserving the privacy of the individual dwellings. Examples of shared spaces are large collective kitchens (in addition to the individual kitchens provided in each apartment), play areas, shared work spaces, and spaces for sport. The space of the accommodation itself is not questioned and remains quite classical, with each apartment having its own kitchen and bathroom.

ainsi que la colocation a développé différentes formes proposant ainsi un panel de services ou de possibilités ouvrant de nouveaux champs et opportunités à leurs habitants. Parmi celles-ci, et au départ sur le modèle du co-working, on a vu le développement grandissant d'unités d'habitat nommées *co-living* ou co-habitat qui proposent ainsi un nouveau mode de vie, se basant sur le partage des ressources et des expériences en communs de leurs habitants. Dans ce chapitre, seront analysés les facteurs qui caractérisent spécifiquement le co-living de façon à en donner une définition tout en le situant par rapport à l'espace co-dividuel. Dans un second temps il sera expliqué en quoi le co-living diffère de la notion de la co-dividualité et comment l'architecture co-dividuelle franchie encore une nouvelle étape par rapport à la notion de co-habitat. Enfin sera dressé un constat sur les réponses qu'apportent l'architecture co-dividuelle et comment celle-ci permet de repenser de nouveaux modes d'habiter.

Les phénomènes de partage d'espace ont en premier lieu été expérimentés dans les bureaux, puis peu à peu, la pression immobilière et foncière aidant, cette tendance s'est déplacée petit à petit vers les espaces des logements. Différentes formes d'organisation sont alors apparues, comme notamment en Allemagne ou dans les pays d'Europe du Nord où des coopératives d'habitants se sont formées pour organiser entre elles la construction d'immeubles d'un genre nouveau, où la mise en commun d'espaces et de services, permettent à chacun de repenser ses pratiques et ses usages tout en offrant des espaces «en plus» et des appuis logistiques qui puissent bénéficier à chacun et que la copropriété traditionnelle n'était pas en capacité d'apporter ni de gérer. C'est un bénéfice partagé et offert à tous les habitants tels que des espaces pour les anniversaires d'enfants, une chambre en plus que l'on réserve à l'avance lorsqu'on reçoit de la famille, des laveries, des ateliers, ou encore des espaces de co-working, des garages à vélo, ou des salles de sport.

Depuis les années 2000 aux USA, des sociétés proposent également ces mises en communs, sous la notion de *co-living*. Ainsi en Californie et à New York, différentes expériences ont vu le jour à de plus grandes échelles, notamment à travers la réhabilitation/transformation d'immeubles de bureaux. L'une d'elle se situe à New-York et réunie ainsi 80 employés de la société We Work dans 45 appartements situés à Wall Street et devrait ainsi héberger prochainement 600 personnes sur 20

"It's like moving into a building where you know people are friendly already. You used to move into an apartment building and it was this awkward period where you had to walk around and knock on doors and meet people and make friends that way. This takes out that aspect of it. It doesn't take out any of the privacy of having the apartment; it just takes away the awkwardness of meeting people in the big city" [32]. This new form of living is therefore not particularly aimed at students, but rather at full-time working people who do not telework.

A step beyond co-living, between co-location and hotel service, companies are proposing to reinvent the housing experience, working on co-living residences and organizing the management of housing and common areas from A to Z. The user is thus offered and provided with various services that go far beyond the primary function of housing. The housing units each have a private room with private bathroom and sanitary facilities. Only the kitchen is shared. This is therefore a package where everything is included as in a hotel, including cleaning, sheets and towels, a concierge, the internet and all the necessary utilities (water, electricity, etc.).

This last example brings us a little closer to the notion of co-dividuality that we are dealing with here: designing spaces that are thought out and created to generate intermediate spaces where new forms of experience of living together can develop. Thus the co-dividual space goes even further, combining within a single housing unit private rooms and intermediate spaces that can contain all the peripheral functions of housing: cooking, relaxing, and washing. Thus, they make the experience of living together possible while preserving the intimate space of the room for each person. In some cases, room rentals are a mixture of short, medium, and long term, in order to ensure both continuity and a renewal of the community.

Thus we are witnessing the development and birth of a typological model of a new kind that can be applied to housing spaces, but also to other types of programs. The space of co-dividuality, since it involves the individual as a person and their potentialities, can be expressed in the interstices of housing, but also in offices, shops, hotels, cultural spaces, etc. For designers, it is a question of no longer thinking of programs in an autonomous and sclerotic way, and instead opening up to practices to go beyond the conventional practices of living, working, and leisure. It is a question of

étages. Les appartements y sont indépendants préservant ainsi les notions traditionnelles de privacité de l'habitat conventionnel, tout en permettant de faciliter des liens entre les habitants grâce à une série d'espaces partagés. Ce qui est offert ici ce sont les espaces périphériques aux logements, des espaces conçus dans l'objectif de favoriser la rencontre en parallèle de l'espace privatif du logement, grandes cuisines collectives (en plus des cuisines individuelles), espaces de jeux, de travail partagés, salle de sport. L'espace du logement lui-même n'est pas remis en question et reste assez classique chacun disposant d'une cuisine, et d'une salle de bain qui lui soit propre.

«C'est comme emménager dans un immeuble où vous savez que les gens sont déjà sympas. Avant, vous aviez l'habitude d'emménager dans un immeuble d'habitation et c'était cette période un peu gênante où vous deviez frapper aux portes pour rencontrer des gens et vous faire de nouveaux amis de cette façon. Le co-living élimine cet aspect là. Cela n'enlève rien à l'intimité ou au fait d'avoir un appartement, cela libère juste de la gêne ou de la difficulté de rencontrer des gens dans la grande ville» [32]. Cette nouvelle forme d'habiter ne s'adresse ainsi pas particulièrement à des étudiants, mais plutôt à des actifs à temps plein et qui ne font pas de télétravail.

Une marche au dessus du *co-living,* à l'intermédiaire et à la frontière entre collocation et service hôtelier, des sociétés proposent de réinventer l'expérience du logement, en travaillant sur des résidences de *co-living* et en organisant la gestion de logements et des parties communes de A à Z. L'usager se voit donc proposer et offrir différents services qui dépassent largement la fonction première du logement. Les unités d'habitat disposent chacune d'une chambre privée équipées d'une salle de bains et de sanitaires privés. Seule la cuisine est partagée. C'est donc un pack où tout est inclus comme à l'hôtel comprenant le ménage, les draps, une conciergerie, internet et tous les abonnements nécessaires (eau, électricité...).

Ce dernier exemple nous rapproche un peu plus de la notion de co-dividualité qui nous occupe ici : concevoir des espaces pensés et imaginés pour générer des espaces intermédiaires où puissent se développer de nouvelles formes d'expériences de l'habitat en commun. Ainsi l'espace co-dividuel va encore plus loin, et propose dans une même unité de logement des chambres privées, et des

providing a spatial and functional response to new needs and to contemporary and nomadic lifestyles in an era of social networks and the economy of sharing. These new uses of co-dividuality give rise to an architecture that bears witness to these practices, thanks to the possibility of offering renewed typologies where the individual is at the center of a new kind of experience, whether at the community level in small complexes, or in large residences that are capable of offering services and facilities that traditional housing could not offer.

The co-dividual space offers us the possibility of rethinking the limits of the individual sphere, increasing its potentialities while preserving the individuality and privacy necessary for everyone's well-being. Co-dividual architecture must therefore be capable of finding answers to this new type of programs: it must be an architecture whose spaces are capable of generating and forging new links between users, and of transforming uses into experiences. The co-dividual space thus generates a way of life that, above all, allows for the creation of new types of relationships and a new sense of community in a contemporary world that is constantly changing and renewing itself. It is a question of compensating for the need to own property by proposing a specific kind of sharing whose limits are both open and fluctuating, thus respecting the primary need for a space of one's own.

espaces intermédiaires qui concentrent les fonctions périphériques du logement : cuisiner, se détendre, se laver. C'est donc une expérience de vie en commun qui devient possible tout en conservant à chacun l'espace intime de la chambre. Dans certains cas les locations de chambres sont mixées entre court, moyen et long terme afin d'assurer à la fois continuité et un renouvellement de la communauté.

Ainsi on assiste au développement et à la naissance d'un modèle typologique d'un genre nouveau. L'espace de la co-dividualité, dès lors qu'il implique l'individu en tant que personne avec ses potentialités, peut s'exprimer dans les interstices des logements mais également des bureaux, des commerces, des hôtels, des espaces culturels... Il s'agit pour les concepteurs de ne plus penser les programmes de façon autonomes et sclérosés, mais au contraire de s'ouvrir à des pratiques pour aller au-delà des pratiques conventionnelles de l'habitat, du travail et des loisirs. Il s'agit d'apporter une réponse spatiale et fonctionnelle à de nouveau besoins et modes de vie contemporains. Ces nouveaux usages de la co-dividualité donnent naissance à une architecture qui témoigne de ces pratiques, grâce à la possibilité d'offrir des typologies renouvelées où l'individu est au centre d'une expérience d'un genre nouveau, que ce soit à l'échelle communautaire dans de petits ensembles, ou dans de grandes résidences, capables d'offrir des services et des facilités que le logement traditionnel ne pourrait pas proposer.

L'espace co-dividuel offre ainsi la possibilité de repenser les limites de la sphère individuelle en augmentant les potentialités, tout en préservant le besoin d'individualité et de privacité propre et nécessaire au bien être de chacun. L'architecture co-dividuelle doit donc être capable de trouver des réponses à ce nouveau type de programmes : une architecture dont les espaces soient capables de générer et de tisser de nouveaux liens entre les usagers et à même de transformer les usages en expériences. L'espace co-dividuel génère ainsi un mode de vie qui avant tout permet de créer de nouveaux types de relations et un nouveau sens de la communauté dans un monde contemporain qui n'a de cesse de se transformer et de se renouveler. Il s'agit de compenser le besoin de pulsion de propriété en proposant justement une mise en communs dont les limites soient à la fois ouvertes et fluctuantes, respectant ainsi le besoin primaire d'un espace à soi.

WHAT IS CO-DIVIDUALITY?

Salvator-John A. LIOTTA, Fabienne LOUYOT

What is Co-cividuality? Post-individual architecture, shared houses and other stories of openness in Japan explores the concept of sharing, especially house sharing. It is a work on the redefinition of public and private spaces in Japan and tells about some experiments influenced co-dividuality out of Japan such as the transformation of the art gallery of Farm Cultural Park into a co-dividual space.

Through a selection of projects realized by the most eminent figures in Japanese architecture, the book outlines what is Co-dividual Architecture: an architecture that creates a new response to shared living in the age of post-individualism, social media and shared economy.

Among the projects presented here there are works by Kengo Kuma, Kazuyo Sejima, Ryue Nishizawa, Shigeru Ban, Sou Fujimoto, Satoko Shinohara, Ayano Uchimura, Taichi Kuma, Junya Ishigami, Studio MNM, Naka Architects, Ikimono Architects, Alphaville Architects, Suppose Design, Yuri Naruse and Jun Inokuma, Shingo Masuda and Katsuhisa Otsubo, and ON Design Partners.

Looking for the common good

Even though we live in a hyper-digital age that has allowed the creation of new connections and remote community formation, we are currently experiencing a need to reflect on how people live together today, and on how they will live together tomorrow. With more than 50% of the world's population living in urban areas, the negative effects are becoming apparent: the abandonment of small centers, the anonymity of life in large centers, and the risk of loneliness, or the lack of public spaces. In metropolitan areas, thousands of people share spaces in home primarily for economic reasons: e.g., saving money by sharing common expenses. In Paris alone, there are at least one million people living in homes with strangers or people to whom they are not related. The problem is that these homes were not designed for shared living. Having identified the causes of this crisis in a capitalist society and the associated loss of contemporary values, the book proposes examples of co-dividual architecture: it does so with a confident

QU'EST-CE QUE LA CO-DIVIDUALITÉ?

Qu'est-ce que la co-dividualité ? Architecture post-individuelle, shared houses et espaces partagés au Japon explore le concept du partage d'espaces, en particulier dans les logements. Ce travail se penche sur la redéfinition des espaces publics et privés au Japon et relate les influences de la co-dividualité au delà du Japon comme la transformation de la galerie d'art Farm Cultural Park en un espace co-dividuel.

À travers une sélection de projets réalisés par les figures les plus éminentes de l'architecture japonaise, le livre présente les grandes lignes de l'architecture co-dividuelle: une architecture qui crée un nouveau type de réponse à la vie en commun à l'ère du post-individualisme, des réseaux sociaux et de l'économie du partage.

Parmi les projets présentés figurent les bâtiments de Kengo Kuma, Kazuyo Sejima, Ryue Nishizawa, Shigeru Ban, Sou Fujimoto, Satoko Shinohara, Ayano Uchimura, Taichi Kuma, Junya Ishigami, Studio MNM, Naka Architects, Ikimono Architects, Alphaville Architects, Suppose Design, Yuri Naruse et Jun Inokuma, Shingo Masuda et Katsuhisa Otsubo, et ON Design Partners.

À la recherche du bien commun

Même si nous vivons dans une époque hyper-numérique qui a permis la création de nouveaux types de liens et la formation de nouvelles communautés, cela amène à un besoin de réflexion sur la façon dont les personnes peuvent vivre ensemble aujourd'hui et demain. Avec plus de 50% de la population mondiale vivant en milieu urbain, certains effets négatifs apparaissent: l'abandon des petites villes et des villages, l'anonymat de la vie dans les grandes villes, le risque de solitude, ou le manque d'espaces publics. Dans les métropoles, des milliers de personnes partagent leur habitat avant tout pour des raisons économiques. Par exemple, afin de diviser des dépenses communes. A Paris, au moins un million de personnes partagent des logements sans qu'il n'y ait de lien de parenté entre eux. La question est que ces logements n'ont pas été conçus au départ pour vivre en colocation. Ayant identifié les causes de cette crise que traverse la société capitaliste avec la perte de certaines valeurs, le livre présente des exemples

belief in a future open to new spatial solutions. There are many examples of new small architectures representing types of housing offering a vision of a new present-day starting point for Japan and other nations with similar problems (such as Italy or France).

Living alone together

The glorious architecture of the past is making room for examples of a new architecture, one more appropriate to our times, with humility and simplicity as its distinctive traits. Today, we are witnessing the emergence of a new sensibility, one based on the idea of community and sharing values. To this extent, a co-dividual space is a type of shared space that has always existed, but has periodically been plunged into crisis that resulted in erosion in the search for the common good as the primary goal of society. The book offers a compelling response in the form of many Japanese architectural projects that moderate the space gained by individualism, and imagine a co-dividual society where the qualities of the individual are valued, but within a community.

The Japanese state's 2015 census figures show that there are approximately fifty-two million private homes in Japan,

d'architecture *co-dividuelles*, confiant en un avenir ouvert à de nouvelles solutions spatiales. Il existe ainsi de nombreux modèles de petites architectures résidentielles offrant la vision d'un nouveau point de départ que ce soit au Japon, ou dans d'autres pays se heurtant à des problèmes comparables (comme l'Italie ou la France).

Vivre seuls ensemble

Ainsi la glorieuse architecture du passé laisse place à de nouveaux exemples d'une architecture renouvelée dont l'humilité et la simplicité constituent le trait distinctif d'une architecture plus en phase avec notre temps. Aujourd'hui, nous assistons à l'émergence d'une nouvelle sensibilité, basée sur l'idée de communauté et de partage de valeurs. En ce sens, un espace co-individuel est un type d'espace partagé qui a toujours existé mais qui se retrouve régulièrement en crise notamment à cause de l'effritement de la notion de bien commun comme objectif premier de la société. Ce livre propose une réponse explicite à travers de nombreux exemples d'architectures japonaises qui tempèrent l'espace gagné par l'individualisme et imaginent une société *co-dividuelle* où les qualités de l'individu se trouvent mises en valeur dans la communauté.

57% of which are mononuclear homes and 32% of which are single-person households. In Tokyo, the percentage of people living alone rises to 45%. This poses certain social, energy use-related, and environmental problems. The collapse of the notion of "happy family" life in the city, (manufactured by the modern state after World War II), the environmental disaster of March 11, 2011, the unbridled competitiveness imposed by neo-liberalism, and the impact of social media on information; all of these have demonstrated to the Japanese society of today that the metaphor of "progress" and infinite growth is no longer functioning. The idea of the future is no longer so clearly describable as the concept of the future that existed in our past. Japanese architects are responding to these issues, problems, and questions with optimism, imagination and pragmatism.

Uncertain Boundaries

Divided into five sections – Shared House, Private Space in Public Buildings, Public Space in Private Buildings, Uncertain Boundaries and Co-dividuality beyond Japan – the book makes it clear how contemporary Japanese architecture is contributing in revealing other residential solutions to a post-individualist society, where individuality and community are terms that rediscover new dimensions and where the value of being and doing together is a concrete reality.

The book provides an overview of the ongoing experimentation in Japanese architecture. That is, thematic homes with shared spaces, designed as a result of warm, simple, fun and contemporary design reflections where the co-tenants, in addition to their room, have large common areas where they can practice urban farming, create a start-up, cook together, or experience new spatial ergonomics. It is an overview not only of domestic space but also of projects where there is a multifarious mix between public and private spheres.

Ainsi au Japon, les chiffres du recensement de 2015 indiquent qu'il y a environ 52 millions de logements privés au Japon, dont 57% de ménages mononucléaires parmi lesquels 32% de foyers d'une seule personne. Rien qu'à Tokyo, le pourcentage de personnes vivant seules atteint 45%. Cela pose des problèmes sociaux, énergétiques et environnementaux. On assiste peu à peu à l'effondrement de la notion d'une vie de «famille heureuse» en ville, (qui avait émergée dans les états modernes de l'après guerre), le désastre écologique du 11 mars 2011, les principes de concurrence effrénée imposés par le néolibéralisme, l'impact des réseaux sociaux sur l'information; tous ces facteurs ont montré comment aujourd'hui les métaphores du «progrès» de la croissance infinie ne fonctionnent plus. L'idée de futur n'est plus empreint de certitudes comme cela pouvait l'être dans le passé. Tels sont les enjeux, les problèmes et les questions auxquels les architectes japonais répondent avec optimisme, imagination et pragmatisme.

Limites incertaines

Divisé en cinq parties – *Shared houses, Espaces privés dans les bâtiments publics, Espaces publics dans les bâtiments privés, Limites incertaines et Co-dividualité au delà du Japon* – ce livre montre comment l'architecture japonaise contemporaine contribue à révéler de nouvelles solutions résidentielles destinées à la société post-individualiste, où individualité et communauté sont des termes qui redécouvrent de nouvelles dimensions et où l'être et le faire ensemble deviennent une réalité concrète.

Ce livre donne un aperçu de l'expérimentation architecturale actuellement en cours au Japon. Il présente des logements sous l'angle de la thématique des espaces partagés, conçus à partir de réflexions qui apportent des ambiances chaleureuses, simples, ludiques et contemporaines, où les colocataires, disposent en plus de leur chambre privée, de grands espaces communs où ils peuvent pratiquer l'agriculture urbaine, créer une start-up, cuisiner ensemble, où expérimenter une nouvelle ergonomie spatiale. Il s'agit d'une vue d'ensemble non seulement de l'espace domestique mais aussi de projets où il existe une mixité hétéroclite entre les sphères publiques et privées.

In recent years, due to economic and cultural issues (but especially due to social transformation) Japan has changed considerably. In 2012, the percentage of people living alone in Tokyo topped 50% for the first time.

Most Japanese young people – and old people – live alone, and this represents a major difference from their European and American equivalents, for whom sharing a house with other students or workmates is a widespread practice. The Share Yaraicho project, for instance, responds to a growing demand for alternative patterns of living, and is the first shared house in Tokyo specifically designed as such. It may seem strange, but all the other existing shared houses in Japan are the result of buildings being adapted and converted for that purpose.

Thanks to the spaces for socializing and living together that it provides, Share Yaraicho offers an alternative that answers the increasingly widespread need to counteract the trend of social solitude, which is destined to increase over the coming years. The best thing about living with other people in a shared house is that something great can be created thanks to everyone's input. This means that a shared house offers a much better option in terms of space and quality of life, than a standard one-bedroom flat. This section of the book includes several examples of simple shared houses and guest houses, such as Share Yaraicho in Tokyo and LT Josai in Nagoya. The first shared house was built in Tokyo, but now there is also demand in other cities, not just in the capital.

Ces dernières années, en raison de problèmes économiques et culturels (dus surtout à des changements sociaux), le Japon a considérablement évolué. En effet, en 2012, pour la première fois, le pourcentage de personnes vivant seules à Tokyo a dépassé 50%.

La plupart des jeunes japonais (et des personnes âgées) vivent seuls, ce qui représente une différence majeure par rapport à leurs homologues européens et américains, pour qui partager un logement avec d'autres étudiants ou collègues de travail est une pratique courante. Par exemple, le Share Yaraicho Project répond à une demande croissante de modes de vie alternatifs et est la première shared-house à Tokyo spécialement conçue comme telle. Cela peut paraître étonnant, mais au Japon, toutes les autres shared-house existantes sont le résultat d'une adaptation et d'une conversion de bâtiments.

Le projet Share Yaraicho, grâce à des espaces de socialisation et de cohabitation, offre une alternative en réponse à la demande de plus en plus forte de s'opposer à la tendance de la solitude sociale amenée à grandir dans les années à venir. La meilleure chose dans le fait de vivre avec d'autres personnes dans un logement partagé, c'est la possibilité de créer quelque chose ensemble grâce à l'apport de chacun. Ainsi, la shared-house offre une bien meilleure option en termes d'espace et de qualité de vie. Cette section du livre comprend plusieurs exemples de logements partagés et de chambres d'hôtes telles que le projet Share Yaraicho à Tokyo et LT Josai à Nagoya. La première shared-house a été construite à Tokyo, il existe maintenant une demande croissante dans les villes secondaires du Japon et plus seulement dans la capitale.

SHARED HOUSE

SH

LT JOSAI SHARE HOUSE

YURI NARUSE AND JUN INOKUMA ARCHITECTS, NAGOYA, 2013

During the high economic growth phase, Japanese families, which in the past were multi-generational, became mono-nuclear families, severing ties with people in the local community as well as blood relatives. This led to a contemporary situation in which people move around in an increasingly fluid manner, and to a society with a higher number of single-person households. The employment-for-life system has also collapsed, and the age of society and family seems to be transitioning into an age of the individual (solitude).

Rather than viewing this with pessimism, Naruse and Inokuma propose to make changes in the programming, management, and architecture of sites in order to enter an age in which individuals are linked. This project – a new form of dwelling for this new age – was designed as a newly constructed, shared house. While making use of the customary wooden model, 13 rooms are arranged three-dimensionally on a 3.6-meter grid. By adjusting the height of the building to a 2.5 floor scale, the architects arrived at a three-dimensional space imbued with a complex quality. The common living room, dining room, and alcove are connected but also dispersed, facilitating a variety of uses and a sense of distance in a house where people who are not related by birth can come together and live together.

Au cours de la période de forte croissance économique, les familles japonaises, qui par le passé étaient multi-générationnelles, sont devenues des familles mononucléaires, rompant les liens avec les cercles communautaires locaux ainsi qu'avec leurs familles. Cela a conduit à la situation actuelle dans laquelle les mouvements de populations sont de plus en plus fluides menant à une société caractérisée par une forte proportion de ménages monoparentaux. Le système d'emploi à vie s'est également effondré, et le temps de la société et de la famille semble passer au temps de l'individu (solitaire).

Plutôt que de voir cela avec pessimisme, il est nécessaire d'apporter des changements programmatiques, d'organisation des espaces pour entrer dans une ère où les individus soient liés. Ce projet - une nouvelle forme d'habitat pour cette nouvelle ère - pense le modèle de l'habitat partagé. Tout en utilisant un structure en bois conventionnelle, 13 pièces sont disposées dans les trois dimensions sur une trame de 3,6 mètres de large. En ajustant la hauteur du bâtiment à deux étages et demi, les architectes ont obtenu un espace tridimensionnel doté d'une qualité complexe inégalée. Le salon commun, la salle à manger et les cellules des chambres sont connectés entre eux tout en étant dispersés dispersés, ce qui facilite une variété d'usages et un sentiment de distance dans un lieu où des personnes qui n'ont pas de lien de parenté peuvent se réunir et vivre ensemble.

Private space

Integration

Common space

Above: diagrams illustrating integration of public and private spaces
Opposite: pictures of the living room as a vector of sociality, facade by night and day showing the shared spaces among the private rooms

Ci-dessus : schémas illustrant l'intégration des espaces publics et privés
Ci-contre : photos du salon comme vecteur de sociabilité, façade de jour et de nuit montrant les espaces communs entre les chambres privées

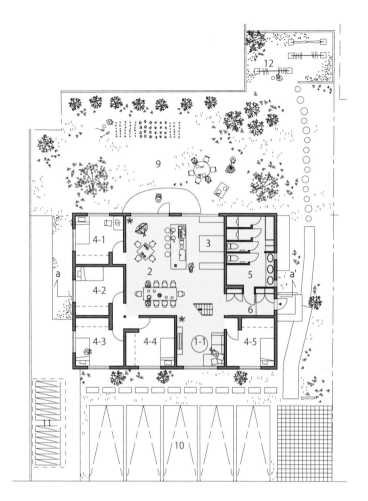

1. Living
2. Dining
3. Kitchen
4. Private room
5. Private room
6. Entrance
7. Technical room
8. Roof terrace
9. Courtyard
10. Car parking
11. Bicycle parking
12 Drying area
13. W.C.

1. Séjour
2. Salle à manger
3. Cuisine
4. Chambre privée
5. Chambre privée
6. Entrée
7. Equipement technique
8. Terrasse
9. Cour
10. Parking
11. Parking vélo
12 Séchoir
13. Toilettes

Left: plans of the different floors of the LT Josai Shared House

Below: section

Gauche: plans des niveaux de LT Josai Shared House

Ci-dessous: coupe

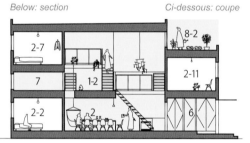

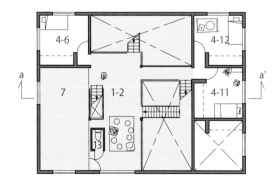

Picture of the diverse common spaces situated at different levels while maintaining a visual connection within the house

Photos des espaces partagés situés aux différents étages montrant qu'une connexion visuelle est créée

SHARED HOUSE FOR SEVEN PEOPLE

STUDIO MNM/MIO TSUNEYAMA AND MADELEINE KESSLER, TOKYO, 2013

The original house was built in 1977 with a mixed structure; steel on the ground floor and timber on the first floor. Since its original construction, the site around the house has dramatically changed. The site is now surrounded by 7–9 story buildings; it is within an area known as the "Urban Village", which lies between Yamate-Dori and Meguro River, known for its low raise houses.

The design seeks to take advantage of the number of people who will inhabit the house. When living alone in central Tokyo, it is rare to find a dwelling large enough for a spacious living room, a long bathtub, a large kitchen or a green garden. But by designing a house for seven people, it is possible, through the use of shared spaces, to realize rich dwelling spaces in the center of the city.

Minimizing the bedroom area allows the living room to be as large as possible. The living room takes on a public character, since it can be used as one space for many people at once. It becomes a flexible and tolerant "Third Place". The living room belongs to everyone in the house and beyond. It is both a café and a library; a place where neighbors can meet up, share information, and learn from one another. The more people there are using the living room, the more stimulating and invigorating the environment becomes. People who work or study in the neighborhood are also involved in this vision.

Without modifying the windows of the existing structure, the architects have placed a corridor around the facade. This corridor has the character of an engawa 縁側, like a veranda in the space composition of a traditional Japanese house. The engawa allows daylight into the rooms, naturally prompting the inhabitants to utilize this space as an extension of their own rooms. They can read next to the window, grow plants, or dry their washing in this space; it blurs the borders of the private and public spaces. The more time the inhabitants spend in this contemporary version of an engawa, the more their lives overlap with those of others, enhancing the sense of sharing space and becoming a catalyst for a close community.

La maison d'origine a été construite en 1977 avec une structure mixte en acier au rez-de-chaussée et bois au premier étage. Depuis sa construction, l'environnement proche de la maison a radicalement changé. Le site est maintenant entouré d'immeubles de 7 à 9 étages, dans une zone connue pour ses maisons basses sous le nom d' «Urban Village», qui se situe entre Yamate-Dori et la rivière Meguro.

La conception vise à tirer parti du nombre de personnes qui habiteront la maison. Lorsqu'on vit seul dans le centre de Tokyo, il est rare de trouver un logement assez grand pour disposer d'un salon spacieux, d'une baignoire, d'une grande cuisine ou d'un jardin. Mais en concevant une maison pour sept personnes, il est possible, grâce aux espaces communs, de réaliser des espaces d'habitation riches de ces qualités et en plein centre-ville.

Minimiser la surface de la chambre permet ainsi d'agrandir au maximum le salon qui prend un caractère public puisqu'il peut être utilisé comme un espace partagé par plusieurs personnes à la fois. Le salon devient un «tiers lieu» flexible et tolérant, il appartient à tout le monde dans la maison, et au-delà. C'est à la fois un café et une bibliothèque ; un lieu où les habitants peuvent se rencontrer, partager des informations et apprendre les uns des autres. Plus il y a de personnes qui utilisent le salon, plus l'environnement devient stimulant. Cet espace est également envisagé avec un accès aux personnes qui travaillent ou étudient dans le quartier.

Sans modifier les fenêtres de la structure existante, les architectes ont placé un couloir le long des façades. Ce couloir a le caractère d'une véranda, similaire à l'engawa 縁側 dans la spatialité de la maison traditionnelle japonaise. L'engawa laisse entrer la lumière du jour dans les pièces et incite naturellement les habitants à utiliser cet espace comme une extension de leurs propres chambres. Ils peuvent ainsi lire à côté de la fenêtre, faire pousser des plantes ou y sécher leur linge ; estompant les limites entre pièces privées et publiques. Plus les habitants passent du temps dans l'engawa, plus ils interagissent avec les autres, ce qui renforce le sentiment de partage d'espaces, devenant un catalyseur de la communauté.

Views of the shared spaces within the house: living room, engawa and library, all elements functioning as vectors of social interaction

Vues des espaces partagés dans la maison : séjour, engawa et bibliothèque fonctionnent comme des vecteurs d'interaction sociale

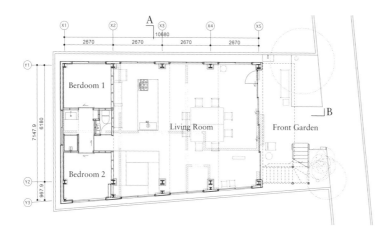

Ground floor plan

0   1   5 m

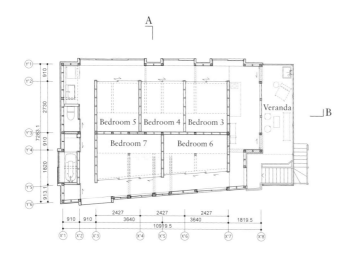

First floor plan

—— Existing
—— New
—— Demolished

KOYASAN GUEST HOUSE, CAPSULE HOTEL

ALPHAVILLE ARCHITECTS/KENTARO TAKEGUCHI AND ASAKO YAMAMOTO, KOYA, 2012

At Koya-san, a UNESCO World Heritage site hosting the head temple of Shingon –a sect founded 1200 years ago– the architects designed a new guest house to welcome the visitors, who come from all over the world. It combines features of a Japanese capsule hotel (where privacy is well protected), and a western dormitory which stimulates communication among the guests.

The guest house consists of capsules, a lounge-bar, and a wide corridor functioning as a hall which opens in front of the entrance and connects the lounge-bar directly to the capsules. Each capsule faces the hall so that people can keep a proper distance from other guests in order to maintain their privacy, as usually happens in Japan.

The project operates through spaces on two different scales: a mattress-size capsule and a spacious bar-lounge for twenty people. This is achieved by implementing a simple wooden structural frame with intervals of 45 cm. The rows of 5 cm x 10 cm wooden beams are set at regular intervals, separating a living and dining area from a double-height hallway that runs through the centre of the building and offers access to the small sleeping spaces. With the exception of the partition walls, there is no hierarchy of main structure, sub-structure and finishing materials. Thus, by the completion of the structure, one can notice the beauty of the space with all its beams and columns, very characteristic of traditional Japanese architecture.

Given the severity of the winter climate, the architects had to design the smallest possible openings in to maintain the internal heat. The architects integrated natural light by raising the ridge line on one side (taking advantage of the guest house's orientation) and allowing natural light to illuminate the colonnade of the hall, which is painted white to reflect maximum brightness. The hall corridor is 1.6 meters wide, punctuated by the continuity of the wooden pillars and producing shadows that give rhythm to the private and public spaces. The use of the same pillars found in the lounge space creates a space that is perceived as a unity.

Koya-san est un site classé au patrimoine mondial de l'UNESCO où se trouve le temple principal de Shingon –une secte fondée il y a 1200 ans. Les architectes ont conçu une nouvelle maison d'hôtes pour accueillir les visiteurs qui viennent du monde entier. Elle combine les caractéristiques d'un hôtel capsule à la japonaise (où la vie privée est bien protégée), et d'un dortoir à l'occidentale qui stimule la communication entre les convives.

La guest house se compose de différentes capsules, d'un lounge bar et d'un large couloir tel un hall qui s'ouvre devant l'entrée et relie le lounge-bar directement aux capsules. Chaque capsule est reliée au hall et à la salle commune afin que les personnes puissent garder une distance suffisante par rapport aux autres invités leur permettant de préserver leur intimité.

Le projet fonctionne à travers deux espaces à deux échelles différentes: une capsule minimale de la taille d'un matelas et un grand lounge bar pour 20 personnes. Pour ce faire, une simple structure en bois a été mise en place à intervalles de 45 cm. Les rangées de poutres en bois de 5 cm x 10 cm sont placées à intervalles réguliers, séparant le salon et la salle à manger du couloir en double hauteur qui traverse le bâtiment et donne accès aux capsules de couchage. À l'exception des cloisons, il n'y a pas de hiérarchie entre la structure principale, la sous-structure et les matériaux de finition. Ainsi, à l'achèvement de la structure, on peut admirer la beauté de l'espace avec toutes ses poutres et colonnes, très caractéristique de l'architecture japonaise traditionnelle.

Compte tenu de la rigueur du climat hivernal, il s'agissait de concevoir des ouvertures les plus petites possibles afin de maintenir la chaleur à l'intérieur. Les architectes ont intégré la lumière naturelle en surélevant la ligne de faîte d'un côté en profitant de l'orientation et en laissant la lumière naturelle éclairer la colonnade de la salle peinte en blanc afin de refléter la luminosité au maximum. Le couloir du hall mesure 1,60 m de large, ponctué par la continuité des poteaux en bois, produisant des ombres qui rythment les espaces privés et publics. L'emploi des mêmes poteaux, qu'on retrouve également dans l'espace du salon, produisent ainsi un espace unitaire.

SH

The pillars are particularly slender compared to contemporary building systems, and flex slightly when touched by guests. They vary in distance from each other at intervals of 33, 45 or 66 cm, discreetly matching the distance that guests wish to have from each other. It is an indirect way to get closer to others that reproduces a sort of mental distance, an intangible threshold that allows the guests to choose an appropriate relationship with other guests.

Les poteaux sont particulièrement minces par rapport aux systèmes de construction contemporains et sont légèrement mouvants au passage des invités. Les intervalles varient entre 33, 45 ou 66 cm, ce qui correspond à la distance que les résidents peuvent avoir de l'un à l'autre. C'est une manière indirecte de se rapprocher les uns des autres, une sorte d'espace mental, un seuil intangible permettant de choisir le type relation avec le reste des convives.

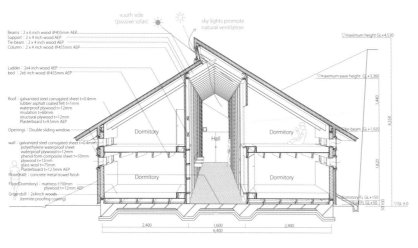

south side
(passive solar)

sky lights promote
natural ventilation

Beams : 2 x 6 inch wood @455mm AEP
Support : 2 x 4 inch wood AEP
Tie-beam : 2 x 4 inch wood AEP
Column : 2 x 4 inch wood @455mm AEP

Ladder : 2x4 inch AEP
bed : 2x6 inch wood @455mm AEP

Roof : galvanized steel corrugated sheet t=0.4mm
    rubber asphalt coated felt t=1mm
    waterproof plywood t=12mm
    insulation t=60mm
    structural plywood t=12mm
    Plasterboard t=9.5mm AEP

Openings : Double sliding window

wall : galvanized steel corrugated sheet t=0.4mm
    polyethylene waterproof sheet
    waterproof plywood t=12mm
    phenol form composite sheet t=50mm
    plywood t=12mm
    glass wool t=75mm
    Plasterboard t=12.5mm AEP

Floor(Hall) : concrete metal trowel finish

Floor(Dormitory) : mattress t150mm
    plywood t=12mm AEP

Groundsill : 2x4inch woods
    (termite-proofing coating)

maximum height GL+4,530

maximum eave height GL+3,360

Tie-beam GL+1,920

Dormitory FL GL+150
Hall FL GL+50
GL ±0

Dormitory   Dormitory

Hall

Dormitory   Dormitory

2,400   1,600   2,400
6,400

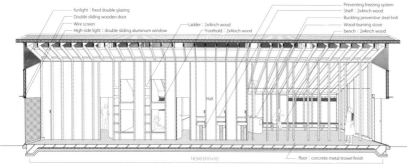

funlight : fixed double glazing
Double sliding wooden door
Wire screen
High-side light : double sliding aluminum window

Ladder : 2x4inch wood
Foothold : 2x4inch wood

Preventing freezing system
Shelf : 2x4inch wood
Buckling preventive steel bolt
Wood-burning stove
bench : 2x4inch wood

Hall

14,560 (910 x16)

floor : concrete metal trowel finish

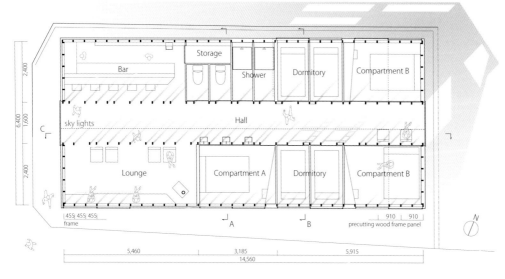

2,400

6,400
1,600

2,400

Bar

Storage

Shower

Dormitory

Compartment B

sky lights

Hall

Lounge

Compartment A

Dormitory

Compartment B

455 455 455
frame

A

B

precutting wood frame panel

N

5,460   3,185   5,915
14,560

Left: plan and sections of the Koyasan
Guest House showing the structural and
the distribution system

Opposite: the hall, a distribution corridor
punctuated by the wooden structure and
by the shadows created through skylights

A gauche: plans et coupes de Koyasan
Guest House montrant la structure et le
système de distribution de l'espace

Ci-contre : le hall, un couloir de distribution
ponctué par la structure en bois et par les
ombres créées par les lucarnes

BOOK AND BED TOKYO

SUPPOSE DESIGN OFFICE/MAKOTO TANIJIRI AND AI YOSHIDA, TOKYO, 2015

Books, among their other important uses, help people to sleep. The architects say that one of the questions they asked themselves whilst designing this project was: "How often have we heard someone say, 'I began reading that new book, and the next thing I knew I was fast asleep…'"?

This project is situated (conveniently for travelers) just in front of Tokyo's busy Ikebukuro train and metro station. When considering the design of a place where sleep is the main concern, the discussion generally centers on the sleeping environment: mattresses, plush blankets, and pillows. Instead, the architects of Suppose Design decided to approach the question in terms of addressing the atmosphere that precedes *drifting off in dreams*. In an unpretentious, utilitarian guest house like this, the proximity of the rooms comes with a crucial problem: the impossibility of sleeping next to people having a loud conversation. At the same time, owing to cultural tendencies as well as to people's natural disinclination to cause conflict in Japan, it's hard to ask others to "pipe down". The solution found by Suppose Design was to reimagine the guest house as a library, a place where people naturally unconsciously veer toward silence.

The bed nooks, outfitted with a light, hanger, power hub, and privacy curtain, are incorporated into the system of bookshelves. The style owes something to the atmosphere of old-world book shops, in this otherwise largely industrial location. As if taking the expression *a life of the mind* literally, guests appear to be living within the bookshelves themselves. Suppose Design have combined books with beds in a setting that is purposefully unfamiliar. This is a new landscape that people nonetheless "know" instinctively, because they know books and they know beds. The ordinary and everyday can also give rise to the "new". The architects imagine the idea of the "new" and envision something extremely advanced and cutting-edge. But the "new" may also be a thing that no one yet "knows", that is born at the moment people recognize it as something they know. In a sense, this project offers the familiarity of the everyday, but experienced differently: a new way to stay alone together through books.

Les livres, au delà de leurs rôles importants, aident à s'endormir. Les architectes racontent que l'une des questions qu'ils se sont posées lors de la conception de ce projet était combien de fois avez-vous entendu dire : «J'ai commencé à lire ce nouveau livre et je me suis endormi tout d'un coup...» ?

Ce projet est situé juste en face de la station de métro et de train très fréquentée d'Ikebukuro à Tokyo. Lorsque l'on considère la conception d'un lieu où le sommeil est la préoccupation principale, la discussion porte généralement sur les «conditions du sommeil»: matelas, couvertures et oreillers. Au lieu de cela, les architectes ont décidé d'aborder la question en terme de traitement de l'atmosphère qui précède l'endormissement. Dans une maison d'hôtes fonctionnelle et sans prétention comme ici, la proximité des chambres devient un problème central: il est impossible de s'endormir à côté de personnes qui ont une conversation bruyante. En même temps, en raison des tendances culturelles et de la réticence naturelle des japonais à l'égard des conflits, il est difficile de demander aux autres de se «calmer». La solution a été de ré-imaginer la maison d'hôtes comme une bibliothèque, un lieu, où les gens se tournent naturellement, inconsciemment vers le silence et la réserve.

Les lits en niches, équipés d'une veilleuse, d'un cintre, d'une prise électrique et d'un rideau d'intimité, sont intégrés au système de rayonnage qui emprunte stylistiquement l'atmosphère des librairies du vieux monde, dans un environnement par ailleurs largement industriel. Comme si l'on prenait l'expression «une vie de l'esprit» au pied de la lettre, les invités semblent vivre à l'intérieur même des bibliothèques. Suppose Design a combiné des livres et des lits dans un cadre volontairement inédit. Il s'agit d'un paysage nouveau que les gens connaissent néanmoins instinctivement, puisqu'ils connaissent les livres et les lits. L'ordinaire et le quotidien peuvent aussi faire naître la «nouveauté». Les architectes imaginent l'idée du «de cette «nouveauté» et envisagent quelque chose d'extrêmement avancé et pointu. Mais la «nouveauté» peut aussi être une chose que personne ne «connaît» encore, qui naît au moment où les usagers la reconnaissent comme telle. En un sens, ce projet offre la familiarité du quotidien, mais vécue autrement : une nouvelle façon de rester seul et ensemble grâce aux livres.

A new landscape created by the fusion of two programs – the library and the dormitory – creating a unique cozy and silent atmosphere

Un nouveau paysage naît de la fusion de deux programmes, libraire et dortoir, donnant forme à un espace unique et à une atmosphère reposante

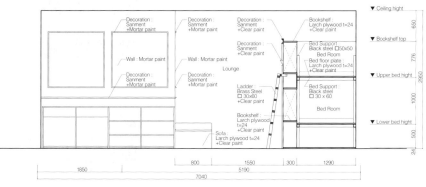

▼ Ceiling hight

650

▼ Bookshelf top

776

▼ Upper bed hight

1000

2950

▼ Lower bed hight

500

24

Decoration : Sanment +Mortar paint

Decoration : Sanment +Clear paint

Decoration : Sanment +Clear paint

Bookshelf : Larch plywood t=24 +Clear paint

Wall : Mortar paint

Wall : Mortar paint

Decoration : Sanment +Clear paint

Bed Support : Black steel □50x50

Bed Room

Lounge

Bed floor plate : Larch plywood t=24 +Clear paint

Decoration : Sanment +Mortar paint

Decoration : Sanment +Mortar paint

Ladder : Brass Steel □ 30x60 +Clear paint

Bed Support : Black steel □ 30 x 60 +Clear paint

Bed Room

Bookshelf : Larch plywood t=24 +Clear paint

Sofa : Larch plywood t=24 +Clear paint

800   1550   300   1290

1850

5190

7040

Opposite: shared common space
Above: view on the city from the corridor
Left: cross section

Ci-contre : espace commun partagé
Ci-dessus : vue sur la ville depuis le couloir
A gauche : coupe transversale

HOME FOR THE ELDERLY

JUNYA ISHIGAMI AND ASSOCIATES, TOKYO, 2015

The *Home for the Elderly* project started in 2012 in response to a request to build a residence for elderly people with dementia in Tohoku City. The project is based on two a priori contradictory principles: conservation and displacement. The architect felt that these residents should not be moved by putting them back into a contemporary architecture. On the contrary, he wanted to individualize them and return them to the traditional dwellings they had known. In this way, the continuity of their journey and their way of life is preserved while this new residence is offered to them as a new experience to live.

Ishigami then had the idea of applying to this project the ancestral technique that is still alive in this land of earthquakes: *hikiya* 曳家, or the art of moving large public buildings from one place to another without dismantling them. Traditionally these manoeuvres were carried out on rails, but for this project a crane was used, thanks to which the bare frames of wooden houses, found in old quarters, were lifted from the ground and taken by road to be deposited on the grounds of the retirement home. In all, about 40 small houses were brought in from all over Japan where they were to be demolished. Each one, depending on its origin, is built according to a different architecture, technique and materials, giving it its own identity.

Separated by narrow planted alleys, they are very close to each other and at the same time very distinct. The glass partitions allow for inclusive views. The roofs touch each other to form a global image. This differentiation of habitats is intended to stimulate the sense of orientation of the future inhabitants and naturally draws the line between communal and private life. Rather than adopting a conceptual posture, Ishigami makes architecture as a process. The individual houses, once put in place, create a new community: for people suffering from dementia living in a traditional architecture helps them feel in a safe environment.

Le projet *Home for the Elderly* a commencé en 2012 et répond à la demande de construire une résidence pour des personnes âgées atteintes de démence dans la ville de Tohoku. Le projet prend appui sur deux principes à priori contradictoires : la cantonnement et le déplacement. L'architecte a estimé qu'il ne fallait pas dépayser ces pensionnaires en les remisant dans une architecture contemporaine. Au contraire il a voulu les individualiser et les replonger dans les habitations traditionnelles qu'ils avaient connues. De cette façon, la continuité de leur mode de vie est préservée tandis que cette nouvelle résidence leur est offerte comme une nouvelle expérience à vivre.

Ishigami eut alors l'idée d'appliquer à ce projet la technique ancestrale mais toujours actuelle dans ce pays de séismes : l'*hikiya* 曳家, ou l'art de déplacer des éléments volumineux (statues religieuses monumentales, maisons) d'un endroit à un autre sans les démonter. Traditionnellement ces manœuvres se faisaient sur rails mais pour ce projet une grue fut employée grâce à laquelle des charpentes dénudées de maisons en bois, trouvées dans des quartiers anciens, ont été soulevées puis emmenées par la route pour être déposées sur le terrain de la maison de retraite. En tout, une quarantaine de petites maisons destinées à la démolition ont été ainsi amenées de tout le Japon. Chacune d'entre elles, selon son origine, est construite selon une architecture, une technique et des matériaux différents, ce qui lui donne une identité propre.

Séparées par d'étroites allées végétalisées, elles sont très proches les unes des autres et en même temps bien distinctes. Les cloisons en verre favorisent des points de vues traversant. Les toitures se touchent pour former un ensemble. Grâce à cette différenciation, le sens de l'orientation des futurs habitants sera stimulé et des limites s'établiront tout naturellement entre vie collective et vie privée. Plutôt que d'adopter une posture conceptuelle, Ishigami fait de l'architecture un processus. Les maisons individuelles, une fois mises en place, créent une nouvelle communauté : pour les personnes souffrant d'amnésie, vivre dans une architecture traditionnelle les aide à se sentir en sécurité.

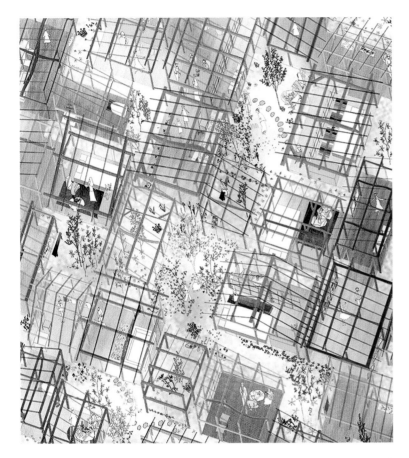

Pictures showing the various skeletons of the 40 japanese houses arranged next to each other, thus creating separate spaces within a residential community. The vegetation furnishes the alleys and gives a unified aspect to the plot

Vues montrant les squelettes de 40 maisons japonaises misent une à coté de l'autre pour recréer des espaces intimes à l'intérieur, dans un espace résidentiel. La végétation dans les allées donne une sorte d'uniformité à la parcelle

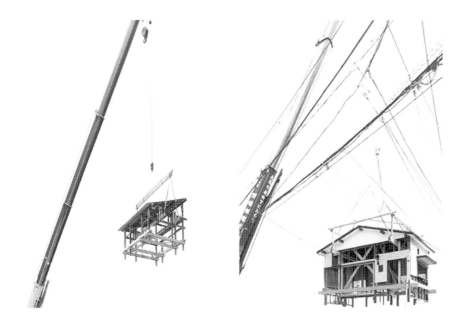

"Once a house is dismant-led, the indeterminate charm and ambience of age cannot be recreated, even if the house is reassembled. So the houses are trans-ported as they are to the new site." *Junya Ishigami*

«Une fois qu'une maison est démontée, le charme et l'ambiance indéterminés de l'époque ne peuvent être recréés, même si la maison est remontée. Les maisons sont donc transportées telles quelles sur le site.» *Junya Ishigami*

SHARE YARAICHO, SHARED HOUSE

SPATIAL DESIGN STUDIO/SATOKO SHINOHARA, AYANO UCHIMURA AND TAICHI KUMA, TOKYO, 2012

Share Yaraicho is situated near Kagurazaka, in one of the most densely populated areas of Tokyo. In this project, Satoko Shinohara and Ayano Uchimura offer two original thoughts regarding some of the changes taking place in Japanese society: they respond to Tokyo inhabitants, need for social life, and to the need to develop energy-saving consciousness (necessary after the tragic events of March 11, 2011). The project is situated on a quiet site set well back from Kagurazaka's main thoroughfare and consists of a 10-meter-high building with a load-bearing metal structure – a kind of box open at the front and rear elevation with seven units inserted into it. Some of the units are suspended from the structure in such a way as to leave gaps for storing low furniture and seating. The external facade – made of a semi-transparent waterproof plastic membrane that reflects the external landscape – contributes to the serene atmosphere given by the design. The membrane can be partially opened during the summer via the use of zips, encouraging natural ventilation and contact with the outside.

There is, in fact, no door or solid wall, only a zip that opens to take you into the house. Once past the semi-transparent facade, one finds oneself in an airy full-height transition space that serves as a buffer zone between inside and outside. The second facade presents an alternation of different materials (wood and polycarbonate) with transparency and openings, including a small internal terrace. A central circulation staircase leads up to the various floors of the house where the bedrooms and communal spaces are, and finally on to the roof garden, where plants and vegetables can be cultivated to enhance the quality of life for the tenants of the house. The same community spirit has also been applied to the furniture in the house, designed by Taichi Kuma and built by the first group of housemates.

The communal spaces in Share Yaraicho encourage interaction between the inhabitants of the house, and the plywood lining gives a sense of warmth to the spaces. Although continuity between architecture and nature within houses is very much a feature of traditional Japanese architecture, today it is particularly rare to find it in a highly metropolitan setting such as Tokyo. Kagurazaka, however, is one of the few areas to have survived earthquakes,

Share Yaraicho est située près de Kagurazaka dans une des zones les plus densément peuplées de Tokyo. Avec ce projet, Satoko Shinohara et Ayano Uchimura proposent deux réflexions originales au regard de certains changements en cours dans la société japonaise : elles répondent aux besoins des habitants de Tokyo en matière de vie sociale, et à la nécessité de développer une conscience d'économie d'énergie (nécessaire après les événements tragiques du 11 mars 2011). Le projet est situé sur un site tranquille, en retrait de la rue principale de Kagurazaka et se compose d'un bâtiment de 10 mètres de haut avec une structure porteuse en métal – une sorte de boîte ouverte sur les façades avant et à l'arrière dans laquelle sont insérées sept unités. Certaines unités sont suspendues à la structure de manière à ménager des espaces pour des meubles et des sièges. La façade extérieure - constituée d'une membrane en plastique imperméable semi-transparente reflète le paysage extérieur - contribue à l'atmosphère sereine donnée par le projet. La membrane peut être partiellement ouverte pendant l'été grâce à l'utilisation de fermetures éclair, favorisant la ventilation naturelle et le contact avec l'extérieur.

Il n'y a en fait pas de porte ni de mur solide mais simplement une fermeture éclair qui s'ouvre sur la maison. Une fois la façade semi-transparente franchie, on se retrouve dans un espace de transition toute hauteur qui sert de tampon entre l'intérieur et l'extérieur. La deuxième façade présente une alternance de différents matériaux (bois et polycarbonate) avec des transparences et des ouvertures, dont une petite terrasse intérieure. Un escalier central mène aux différents étages de la maison où se trouvent les chambres et les espaces communs et enfin à un jardin sur le toit où l'on peut cultiver plantes et légumes pour améliorer la qualité de vie des locataires. Le même esprit communautaire se décline aux meubles de la maison, construits par le premier groupe de locataires, sous la direction de Taichi Kuma.

Les espaces communs de Share Yaraicho favorisent l'interaction entre les habitants et le contreplaqué utilisé apporte un sentiment de chaleur aux espaces. Bien que la continuité entre l'architecture et la nature à l'intérieur des maisons soit une caractéristique de l'architecture

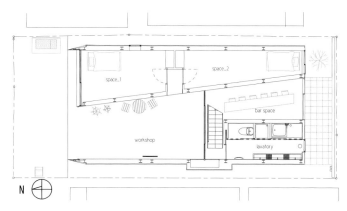

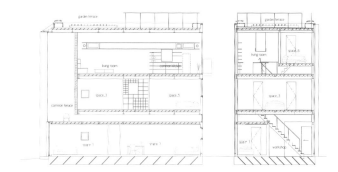

fires, wartime bombing and "metropolitanization". To this day, it maintains consistent traces of an urban and social fabric that dates back to the Edo period, made up of small curved streets, steps, gardens, wooden houses, and a sense of community. Shinohara, Uchimura and Kuma – with their composition and details with regard to the use of materials – have instilled a sense of rediscovered sensitivity towards nature and social responsibility in their architecture. This is owed to the effect of energy-rationing post-Fukushima in 2011 and a new desire to be together.

japonaise traditionnelle, il est aujourd'hui particulièrement rare de la trouver dans un cadre très métropolitain comme celui de Tokyo. Kagurazaka, cependant, est l'un des rares quartiers à avoir survécu aux tremblements de terre, incendies, bombardements et à la «métropolisation». Il conserve encore aujourd'hui les traces cohérentes d'un tissu urbain qui remonte à la période Edo, composé de petites rues courbes, escaliers, jardins, maisons en bois avec un sentiment de communauté. Les architectes – avec leur composition et grâce au choix de matériaux – ont insufflé dans leur architecture une sensibilité envers la nature et pour la responsabilité sociale. C'est une conséquence du rationnement énergétique post-Fukushima et à un nouveau désir d'être ensemble.

Views of different spaces showing how the use of plywood helps creating a warm atmosphere and an architecture yielding towards nature

Vues de différents espaces montrant comment l'utilisation du contreplaqué aide à créer une atmosphère chaleureuse et une architecture qui cède face à la nature

PR > PU

We are seeing several architects respond to an evident and spontaneous change that redefines new usages and ergonomics. In Japan, there is a demand for projects that strengthen community ties.

There is a demand for space open to the public, with an emphasis on the fact that private individuals have a need for public places: not places restricted to shopping but places for artistic or cultural expression.

In other words, people like to engage in activities in buildings that are open to the public, but also with an intimate dimension. Projects such as the KAIT workshop or Shibaura House share a common element: a fluid space where people can feel the entirety of open space, but where there is also space for individual expression. This allows for the creation of intimate spaces that feel like being at home in a public workshop or the opening up to the public of an entire city hall, including the possibility of viewing a session of an official political meeting (Nagaoka City Hall).

Open space is gaining in importance in private and public space alike. The current focus of projects included in co-dividual architecture shows how Japanese architects integrate into their projects the possibilities to create a sense of community.

This section also displays projects such as the paperboard partition system of Shigeru Ban, a humanitarian act that offers a solution for post-disaster emergencies when people need intimacy and the possibility of being alone with their families while they are forced to stay In public spaces for refugees.

Nous témoignons ici de plusieurs architectes qui répondent à un changement évident et spontané qui redéfinit de nouveaux usages et une nouvelle ergonomie. Au Japon, il existe une demande forte pour des projets qui renforcent les liens communautaires.

Il existe une demande d'espaces ouverts au public, l'accent étant mis sur le fait que les particuliers ont besoin de lieux publics : non pas des lieux limités au *shopping*, mais des lieux d'expression artistique ou culturelle.

En d'autres mots, que les gens aiment faire des activités dans des bâtiments ouverts au public et où ils puissent cependant y trouver une dimension intime. Des projets comme l'atelier KAIT ou la Maison Shibaura partagent cette préoccupation commune : un espace fluide où les gens puissent ressentir la totalité de l'espace ouvert où il y a aussi un espace pour l'expression individuelle. Cela permet de créer des espaces intimes qui donnent l'impression d'être chez soi dans l'espace public ou en ouvrant au public toute une mairie, avec y compris la possibilité de visionner une séance officielle de l'assemblée municipale (Nagaoka City Hall).

L'espace ouvert prend de l'importance à l'intérieur de l'espace privé et public. L'orientation actuelle des projets d'architecture co-dividuelle montre comment les architectes japonais intègrent dans leurs projets les possibilités de créer un sentiment d'appartenance à la communauté.

Cette section présente également des projets tels que le *paperboard partitions system* de Shigeru Ban, un système de cloisons en carton, un acte humanitaire offrant une réponse aux situations d'urgence post-catastrophe lorsque les sinistrés ont besoin d'intimité, avec la possibilité d'être seuls avec leur famille, alors qu'ils sont obligés de rester dans un espace commun aux autres réfugiés.

ESPACE PRIVÉ DANS L'ESPACE PUBLIC
PRIVATE IN PUBLIC SPACE

KAIT WORKSHOP, INSTITUTE OF TECHNOLOGY KANAGAWA

JUNYA ISHIGAMI AND ASSOCIATES, KANAGAWA, TOKYO, 2007

This workshop is located in the premises of the Institute of Technology of Kanagawa in the suburbs of greater Tokyo. This is a space where students can work on their own creative projects. As for the space program, there is a carpentry studio area, a machinery engineering area, a ceramics area, a print area, electrical engineering workshop, and an office area.

This program is allocated within a single room of two thousand square meters in order to use the space flexibly. However, what the client required was not an overall space that could accommodate a single enormous project, but rather a working environment in which an array of activities of various scales could be implemented within different types of spaces in the building. While flexibility was required, it was not necessary for all the spaces to be uniform. They are handled as individual areas, each the result of its functional characteristics. Nor is this space intended solely for use by large groups of people; it often accommodates the activities of pairs or individuals as well.

Large spaces are perhaps appropriate for more substantial groups, but not for smaller groups that need more intimate space. Therefore, the architect opted for a flexible space, both scale-wise and plan-wise, in order to accommodate everyone. The objective was not to create a plan that drew distinct lines to divide the building, but instead to use "dots" in order to instill respective spaces with specific characteristics while at the same time making their boundaries ambiguous. The purpose of this method was to try to find a "new type of flexibility" by pursuing the notion of "abstractness". The dots in the plan are rectangular in shape, each having different size and proportions.

The "dots" represented in the models may seem randomly placed. However, they are placed according to well-considered decisions. In fact, the plan had been revised to appear, superficially, as if the strictly planned dots were randomly placed. The intention is to make the dots represent the architect's ideas across the space. It can be said that people spontaneously understand the architect's thoughts or, in some cases, can use the space to see beyond the

Cet atelier est situé dans les locaux de l'Institut de technologie de Kanagawa, dans la banlieue de Tokyo. Voici un espace où les étudiants peuvent travailler sur leurs propres créations. En ce qui concerne le programme, il y a un atelier de menuiserie, un espace de machineries, un espace de céramique, un espace d'impression, un atelier d'ingénierie électrique et des bureaux.

Ce programme est réparti dans un seul espace de deux mille mètres carrés afin d'utiliser le lieu de manière flexible. Cependant, ce dont le client avait besoin n'était pas un espace global pouvant accueillir un seul projet énorme, mais plutôt un environnement de travail dans lequel un ensemble d'activités de différentes échelles pourrait être mis en œuvre dans différents types d'espaces du bâtiment. Si la flexibilité était nécessaire, il n'était pas nécessaire que tous les espaces soient uniformes. Ils sont ainsi traités comme des espaces individuels, chacun étant le résultat de ses contraintes fonctionnelles. Cet espace n'est pas non plus destiné à être utilisé uniquement par de grands groupes de personnes ; il accueille souvent aussi les activités individuelles ou en binôme.

Les grands espaces sont peut-être appropriés pour les groupes plus importants, mais pas pour les petits groupes qui ont besoin d'un espace plus intime. C'est pourquoi l'architecte a opté pour un espace flexible, tant au niveau de l'échelle que du plan, afin de pouvoir accueillir tout le monde. L'objectif n'était pas de créer un plan qui trace des lignes distinctes pour diviser le bâtiment, mais plutôt d'utiliser un système de «points» afin de définir des espaces aux caractéristiques propres tout en jouant sur l'ambiguité de leurs limites. Le but de cette méthode était d'essayer de trouver une «nouvelle forme de flexibilité» en poursuivant la notion d'«abstraction». Les points du plan forment des rectangles, chacun ayant une taille et des proportions différentes.

Les «points» représentés dans les maquettes peuvent sembler aléatoires, cependant leur positionnement est intentionnel. En fait, le plan a été revu pour donner l'impression que les points étaient placés au hasard. L'intention est de faire en sorte que les points représentent les idées de l'architecte à travers l'espace. On peut

architect's intention on their own initiative. These lines of dots find a harmony between which is born out of shifts producing a movement between consciousness and unconsciousness. People instinctively understand how to use the space. Ishigami tried to design the entire building so that it looks like a landscape by placing different "trees" and "rocks". The clear glass facade separates the internal space from the outside space. This bright, forest-like place provides students with a comforting environment.

The Kait Workshop is imagined as a landscape: a combination of trees, columns (artificial tree trunks), and transparent facades, blending the interior with the exterior.

dire que les gens comprennent spontanément les pensées de l'architecte ou, dans certains cas, peuvent utiliser l'espace pour voir au-delà de l'intention de l'architecte par leur propre initiative. Ces lignes de points trouvent une harmonie qui naît des décalages, produisant un mouvement entre entre conscience et inconscience. Ishigami a essayé de concevoir l'ensemble du bâtiment afin qu'il devienne un paysage en y plaçant différents «arbres» et «rochers». La façade en verre clair sépare l'espace intérieur de l'extérieur. Cet espace lumineux, semblable à une forêt, offre aux étudiants un environnement réconfortant.

L'atelier Kait est imaginé comme un paysage : une combinaison d'arbres, de colonnes (des troncs d'arbres artificiels) et des façades transparentes, mêlant intérieur et extérieur.

The interiors of Kait Workshop replicate the same spatial logic of a forest

Les intérieurs du Kait Workshop reproduisent la même logique spatiale qu'une forêt

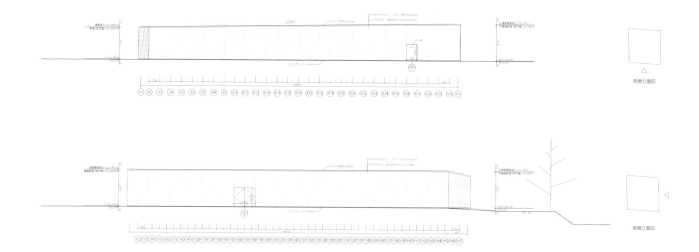

西側立面図

南側立面図

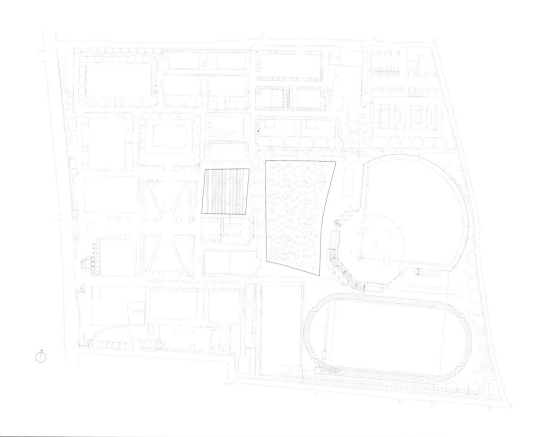

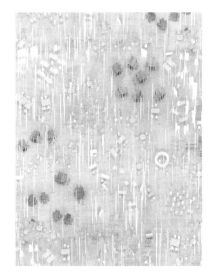

Opposite: sections of the building and ground plan of the Kanagawa university
Right: view of the empty Kait workshop. The distribution of the columns appears to be random, while, in fact, it was strictly planned to give this impression of being in a bright forest

Ci-contre : coupes du bâtiment et plan de l'université de Kanagawa
A droite : vue du Kait workshop vide. La répartition des poteaux semble être aléatoire, alors qu'en fait, cela a été conçu précisément de façon à donner cette impression d'être dans une forêt lumineuse

SHIBAURA HOUSE OFFICE BUILDING
KAZUYO SEJIMA, TOKYO, 2011

The Japanese Pritzker prize winner Kazuyo Sejima is the architect of the Shibaura House, a multi-storey building containing flexible work spaces located on Shibaura Island in the south of Tokyo, overlooking the port. This piece of architecture offers several overlapping workspaces that are spatially and visually connected. The idea is to provide a fluid space to support a wide range of activities; a place where both individuals and groups of people can hold meetings, events, conferences, and exhibitions.

The space is emphasized by the transparency of the external walls, which have a pre-tensioned steel structure supporting a glass wall. All the vertical supports are positioned around the building's periphery, reducing their structural cross-section to the absolute minimum. In this private building, visitors have access to all the areas; each location offers a view of the outside space, and all the locations can be seen from the outside as well.

Kazuyo Sejima, lauréate du prix Pritzker, est l'architecte de la Maison Shibaura, un bâtiment de plusieurs niveaux contenant des espaces de travail flexibles situés sur l'île de Shibaura à Tokyo, et regardant le port. Cette architecture offre plusieurs espaces de travail qui se chevauchent et qui sont spatialement et visuellement connectés. L'idée est de produire un espace fluide pour accueillir une large gamme d'activités ; un lieu où les individus et les groupes puissent tenir des réunions, des événements et des expositions.

L'espace est sublimé par la transparence des murs extérieurs, soutenus par une structure en acier précontraint supportant les parois de verre. Tous les supports verticaux sont positionnés sur la périphérie du bâtiment, réduisant leur section structurelle au minimum absolu. Dans ce bâtiment privé, les visiteurs ont accès à tous les espaces ; chaque emplacement offre une vue sur l'extérieur, et l'intérieur est également visible de l'extérieur.

*Opposite: views of the open workspace,
highly public and transparent towards the street
Below and right: view of the transparent facade from the
street, highlighting the building's public nature*

*Ci-contre : vues des espaces de travail ouverts
très publics et transparents vis-à-vis de la rue
Ci-dessous et à droite : vues de la façade transparente
mettant en évidence le caractère public du bâtiment*

The building is the headquarters of a printing company which makes its spaces available for many cultural and children's activities, like a sort of community centre. In the mornings and evenings, the building sees only the comings and goings of the employees; during the day and on weekends it is animated by the local population, who are granted access to the ground floor and are then taken to the upper stories, where many activities are carried out.

Sejima's project is a new type of building very much sought for in Tokyo. There is a demand for meeting spaces that underlines how private individuals need public places that are not places for people to spend money but places of artistic or cultural expression. These are the places that make it possible to strengthen community ties.

Le bâtiment est le siège d'un éditeur qui met ses espaces à disposition pour de nombreuses activités culturelles et pour les activités des enfants, comme une sorte de centre communautaire. Le matin et le soir, le bâtiment ne reçoit que les allers et venues des employés; pendant la journée et le week-end, il est animé par la population locale, qui a accès au rez-de-chaussée et est ensuite conduite aux étages supérieurs, où de nombreuses activités sont possibles.

Ce projet s'inscrit dans une sorte de bâtiment public très prisé de la capitale japonaise où existe une forte demande d'espaces de rencontre, ce qui souligne combien les usagers ont besoin de lieux publics qui ne soient pas seulement des lieux commerciaux, mais des lieux d'expression artistique ou culturelle. Ce sont ces lieux qui permettent de renforcer les liens communautaires.

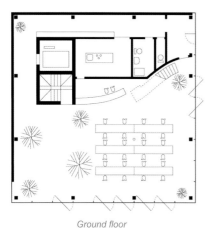

Ground floor

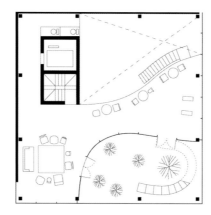

First floor

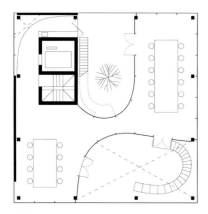

Second floor

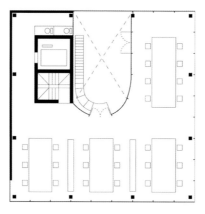

Third floor

*Above: Plans of different floors of the
Shibaura House Office Building showing
different workspaces and outdoor patios on
the upper floors*

*Ci-dessus : Plans des différents étages
du bâtiment de bureaux Shibaura House
montrant les espaces de travail et les patios
extérieurs*

*Opposite: interior of the building and its
overlapping transparent workspaces within
their vibrant environment*

*Ci-contre : un intérieur du bâtiment et
ses espaces de travail transparents qui
se chevauchent dans un environnement
dynamique*

PAPER PARTITIONS SYSTEM NO 4

SHIGERU BAN ARCHITECTS, TOHOKU REGION, 2011

The evacuees from the great Japan earthquake and tsunami in March 2011 found shelter in evacuation facilities such as gymnasiums. Many families found themselves living on the floors of shelters, sharing one space with strangers in the same situation. This was tolerable for a few days; however, the lack of privacy started to become an issue after weeks of living in this way.

Evacuees were forced to live in this situation for several months before temporary housing could be allocated. They suffered from lack of privacy and high population density, potentially damaging both mentally and physically. Shigeru Ban conceived simple partitions made of paper tubes and fabric curtains to divide the space and grant some intimacy to each family.

Made of two sizes of cardboard tubes, plywood, ropes, and white curtains, the modular system allows fast and easy assembly and disassembly. The structure can be modulated in different dimensions for different-sized families. 1,800 individual units of paper partition system were assembled in 50 provisional shelters for evacuees affected by the disaster in Tohoku region. It is a cost-effective solution, using easily available and recyclable materials.

Construction with the lightweight beams requires no specific skills, and can therefore be put together by people in the shelters without waiting for specialized workers. After losing their homes, their loved ones, and their most precious things, being in an exposed space with not even a bit of intimacy is an extreme situation and often unbearable for the majority of the evacuees.

Les personnes sinistrées lors du grand tremblement de terre et tsunami au Japon ont trouvé refuge dans des installations telles que des gymnases. De nombreuses familles se sont retrouvées à vivre à même le sol de ces abris, partageant un espace avec des inconnus se trouvant dans la même situation. Si cela a été tolérable quelques jours, le manque d'intimité a commencé à poser problème rapidement.

Les sinistrés ont ainsi été contraints de vivre dans cette situation pendant quelques mois, avant que des logements temporaires ne soient déployés. Ils souffraient d'un manque d'intimité et d'une forte densité, ce qui pouvait causer des dommages tant mentaux que physiques. Shigeru Ban a réalisé des cloisons simples faites de tubes en carton et de rideaux en toile pour diviser l'espace.

Composé de deux tailles de tubes en carton, de contreplaqué, de cordes et de rideaux blancs, le système modulaire permet un montage et un démontage rapide et aisé. La structure peut être modulée dans différentes dimensions pour des familles de taille différente. 1800 unités ont été assemblées dans 50 abris provisoires pour les sinistrés de la région Tohoku. C'est une solution efficace qui utilise des matériaux facilement disponibles et recyclables.

La légèreté des poutres ne nécessitent pas de compétences particulières et peuvent donc être montées facilement dans les abris sans attendre le renfort d'ouvriers spécialisés. Après avoir perdu leur maison, leurs proches et leurs biens les plus précieux, se retrouver dans un espace exposé, sans même un peu d'intimité, est une situation extrême et souvent insupportable pour la majorité des sinistrés.

PR > PU

NAGAOKA CITY HALL

KENGO KUMA AND ASSOCIATES, NAGAOKA, 2012

The growth of cities and their scale made 20th-century public buildings liable to be driven out into the suburbs. Often, they became isolated concrete boxes in parking lots. Kengo Kuma, with Nagaoka Aore, fought hard to reverse this trend. They moved the city hall back to the town center, creating a revival of a real "heart of town" located within walking distance of anywhere in the city and in harmony with people's everyday lives. This is rather similar to the city hall historically nurtured in Europe, and embodies the idea of a compact city for this environment-oriented age.

Kuma focuses on the importance of the centrality of these institutions, putting them back in the heart of urban discourse. He embodies the ideal of having a compact city, especially in relation to environmental and energy issues. In contrast to past trends, Kuma opens up the institution to everybody. The council chamber is open not only to council meetings, but also to concerts and conferences. Large windows symbolize the transparency that

La croissance des villes du XXe siècle et leur échelle ont souvent chassés les bâtiments publics vers les banlieues, se retrouvant tels des boîtes de béton isolées au milieu de parkings. Kuma a voulu inverser cette tendance à Nagaoka. L'hôtel de ville est déplacé au centre de la ville et redonne vie à un véritable «cœur de ville», accessible à pied, s'insérant avec harmonie dans la vie quotidienne des habitants. C'est à l'image classique de l'hôtel de ville européen, incarnant l'idée d'une ville compacte dans cette période axée sur l'environnement.

Dans un sens, Kuma cherche à restaurer la centralité des institutions et à les replacer au cœur du discours urbain, ce qui incarne l'idéal d'une ville dense, notamment pour des raisons environnementales et énergétiques. Contrairement aux tendances passées, Kuma ouvre l'institution à tous. La salle du conseil est ouverte non seulement à l'assemblée, mais aussi aux concerts et conférences. Les grandes fenêtres symbolisent la transparence dont la politique a besoin

politics needs today, and the desire of citizens to participate. A vibrant sculpture in the ceiling shows the power of the multitude and invites everyone to feel a part of a common process, with the myriad pieces of wood representing the multitude of people composing the city community.

Kuma adopted the traditional *tataki* 三和土, and *nakadoma* 仲泊 methods to add a sense of homeness to this public project. Thus, the space that functions as a meeting point for the community is no longer a mere concrete box: the space is gently surrounded by a structure finished with wood and solar panels. This project teaches people that institutions have to be accessible and owned by the people. Only in this way can the community feel represented and an active part of the government of the city.

View of public spaces hosting different activities within the Nagaoka City Hall emphasizing its public status as a building for the people

aujourd'hui et la demande de la population civile de participer et d'accéder à l'administration des affaires publiques. Une sculpture vibrante au plafond montre la puissance de la multitude et invite chacun à se sentir partie prenante d'un processus commun.

Kuma a adopté les méthodes traditionnelles de *tataki* 三和土 et de *nakadoma* 仲泊 pour ajouter un sentiment de convivialité à ce projet public. Ainsi, l'espace qui sert de point de rencontre à la communauté n'est plus une simple boîte en béton : l'espace est doucement enveloppé d'une structure composée de bois et de panneaux solaires. Ce projet montre aux citoyens que les institutions doivent être accessibles et appartenir à tous. Ce n'est que de cette manière que la communauté peut se sentir représentée et partie prenante du gouvernement de la ville.

Vue des espaces publics accueillant différentes activités au sein de l'hôtel de Ville de Nagaoka, soulignant son statut public et de bâtiment pour le peuple

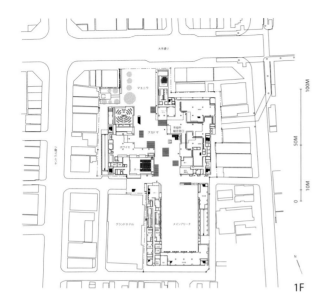

A section and a plan of the Nagaoka City Hall, situated in the heart of the city

Opposite: the council chamber with large windows rendering its status public and symbolizing the transparency of politics

Une coupe et un plan de l'Hôtel de Ville de Nagaoka, situé au cœur de la ville

Ci-contre : la salle du conseil avec de grandes fenêtres rendant son statut public et symbolisant la transparence de la politique

1F

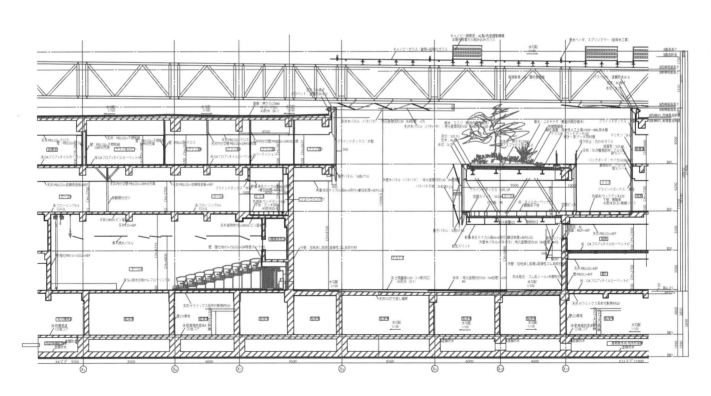

THRESHOLD HOUSE

SHINGO MASUDA AND KATSUHISA OTSUBO ARCHITECTS, TOKYO, 2009

This project involved installing some mesh screens on the boundary of a property in a high-density residential area. The screens are made of 1.6 mm metal mesh. They act as louvers, so that the house appears to be surrounded by an opaque wall when viewed from one angle, and by a translucent mesh when seen from another angle. Each panel contains an aperture, through which the resident's plants are showcased. This area doesn't present any particular architectural qualities or sense of aesthetic: it is the kind of informal urban landscape that abounds in Tokyo.

Eliminating the previous existing concrete fence and turning it into an interface between indoor and outdoor completely reverses the relationship between the inhabitants and the urban space outside. Instead of a barrier, the ghost-like fence now offers gardening possibilities, allowing the owners to make different use of half of the 3.2-meter-wide road, which – according to the ward register – belongs to them. What was previously just a dead space is now a new interface that allows for natural ventilation and that participates to the implementation of public space qualities by a private owner.

Even if it is small, this project contribute to reconsidering the importance that boundaries may have in a highly dense city like Tokyo. In a way, this project opens up possibilities for different interpretations involving the notion of a private garden in a house, participating in improving the qualities of openness for a neighbor. The presence of myriad pots outside houses in Tokyo neighbors finds a different vision in this project, the plants making it into an architectural gesture facilitating the conception/interpretation of private boundaries in Tokyo.

The physical and visual experience of this type of boundary offers an ambivalent ephemeral ghost-like architecture that emerges and dissolves at the same time, existing only for a moment in the eyes of passers-by.

Ce projet consistait à installer des grillages en limite de propriété, dans une zone résidentielle très dense. Les grilles sont constituées de mailles métalliques de 1,6 mm. Ils agissent comme des persiennes, de sorte que la maison semble entourée d'un mur opaque lorsqu'on la regarde d'un certain angle, et d'un treillis translucide lorsqu'on la regarde d'un autre angle. Chaque panneau contient une ouverture, à travers laquelle les plantes des résidents sont mises en valeur. Ce quartier ne présente pas de qualités architecturales particulières ni esthétiques : c'est le type de paysage urbain informel qui abonde à Tokyo.

L'élimination de la clôture en béton existante et sa transformation en une interface entre intérieur et extérieur renverse complètement la relation des habitants avec l'espace urbain extérieur. Au lieu d'une barrière, la clôture fantôme offre maintenant des possibilités de jardinage et permet aux propriétaires d'utiliser différemment la moitié de la route de 3,2 mètres de large - qui selon le règlement du quartier - leur appartient. Ce qui n'était auparavant qu'un espace mort est devenu une nouvelle interface qui permet la ventilation naturelle et qui participe à la mise en œuvre de qualités de l'espace public par un propriétaire privé.

Ce projet, même s'il est de petite taille, permet de reconsidérer l'importance que peuvent avoir les limites dans une ville très dense comme Tokyo. D'une certaine manière, le projet ouvre à différentes interprétations qui impliquent la notion de jardin privé dans une maison, participant à l'amélioration des qualités d'ouverture vers le voisinage. La présence d'une myriade de pots à l'extérieur des maisons à Tokyo trouve une vision différente dans ce projet. Les plantes se font geste d'architecture capable de reconsidérer l'interprétation des limites privées à Tokyo.

L'expérience physique et visuelle de ce type de limites offre une architecture fantomatique, éphémère et ambivalente qui apparaît et disparaît à la fois, et n'existant qu'un instant dans l'oeil du passant.

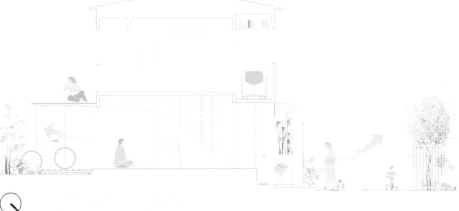

Top left: status before the intervention

Right: the transparent mesh creates a porous facade and extends the perceived living area from the inside while maintaining privacy

Above: cross-section with natural ventilation

En haut à gauche : état avant l'intervention

A droite : la maille transparente crée une façade poreuse et prolonge la zone de vie perçue de l'intérieur tout en préservant l'intimité

Ci-dessous : coupe transversale avec ventilation naturelle

PU > PR

The boundaries between what is public and what is private are experiencing a redefinition: it could be the facade, it could be the intermediate space present in traditional Japanese architecture, it could be the current demand for houses to be built in Japan where complete strangers can share kitchens, living spaces, and bathrooms, it could be the fact that cafés are used as public places where strangers gather to study and spend their time together as if they were at home.

There is a need to redefine what a public space can be in a private building. Big families have started shrinking little by little. A couple of generations ago, it was common to have a family of 6–10 people. Two generations ago, a family of 5 people was the norm. Now, a family of 3–4 people is the most common pattern.

This change in family composition has led to a change in spaces. In the past a family of 10 people would share a house with one or two big rooms, today the number of people has shrunk, while the numbers of divisions has grown. A family of 4 persons have perhaps a room for the parents and a room for each of their kids.

With the mass advent of Western culture, large families broke down into nuclear families in order to fit in with this new lifestyle and we are now in an age where living alone is not uncommon, and where the Japanese family structure is getting even smaller. Privacy is retained on a small scale, merged with the public realm. This section investigates how different Japanese projects offer a new way of shaping how private and public spaces merge, intersect, "explode", and recombine themselves.

Les frontières entre public et privé doivent être redéfinies : ce pourrait être la façade, ce pourrait être l'espace intermédiaire présent dans l'architecture traditionnelle japonaise, ce pourrait être la demande actuelle pour construire au Japon des maisons où des inconnus puissent partager cuisines, espaces de vie et salles de bains, ce pourrait être le fait que les cafés soient utilisés comme des lieux publics où des inconnus se retrouvent pour étudier et passer du temps ensemble comme s'ils étaient à la maison.

Il est nécessaire de redéfinir ce que peut être un espace public dans un bâtiment privé. Les grandes familles ont commencé à se réduire peu à peu : s'il était courant il y a quelques générations d'avoir une famille de 6 à 10 personnes, il y a deux générations, une famille de 5 personnes devenait la norme, alors que maintenant une famille de 3 à 4 personnes est le modèle le plus courant.

Ce changement de la composition familiale a conduit à une évolution de l'espace. Autrefois, une famille de 10 personnes partageait une maison avec une ou deux grandes pièces. Aujourd'hui, le nombre de personnes a diminué, tandis que le nombre de chambres a augmenté. Une famille de 4 personnes a peut-être une chambre pour les parents et une chambre pour chacun de leurs enfants.

Avec l'influence de la culture occidentale, ces familles nombreuses se sont décomposées en familles mononucléaires afin de s'adapter à ce nouveau mode de vie, et nous sommes maintenant à une époque où vivre seul n'est pas rare, et où la structure familiale japonaise s'est réduite. Fusionnée avec le domaine public, la vie intime est retranchée dans la petite échelle. Cette section examinera comment au Japon différents projets proposent une nouvelle façon de penser comment les espaces privés et publics fusionnent, se croisent, explosent et se recombinent.

ESPACE PUBLIC DANS L'ESPACE PRIVÉ
PUBLIC IN PRIVATE SPACE

NICOLAS G. HAYEK CENTER
SHIGERU BAN ARCHITECTS, TOKYO, 2007

The Nicolas G. Hayek Center, the headquarter building for Swatch Group Japan, is located in Ginza, the most elegant area for shopping and dining in Tokyo. The fourteen-story-high building houses Swatch Group's seven major watch shops on its first basement floor through to its fourth floor, customer service and offices on the fifth to thirteenth floor, a hall on the fourteenth floor, and mechanical parking lots with elevators taking the second basement floor.

The building concept originates from the context of Ginza – the area with the most expensive plot area in the world – and it lines up with a large number of elegant shops and high-class restaurants on both Ginza Street and the surrounding back streets. To reflect the features of Ginza in the building, the exterior of the building (the front and back facades) is covered with four-story-high glass shutters. Once the glass shutters are opened, the building is a street in Ginza that anyone can walk through. Shigeru Ban executes a smart inversion of the facade.

In order to accommodate the seven shops, Ban doesn't use the short side of the plot (which opens up to the main street). Instead, he uses the long side; thereby attracting people to the plot and turning this space into a street. Considering the prices of land in Ginza, his move it is quite unusual. However, it works really well, allowing a private space to acquire public qualities. The interior wall along the large atrium is filled with vegetation; this transforms the shops domain, customer domain, and office domain into a vertical and continuous green park.

The private space for shopping is open to everyone, as if it were a plaza. In order to give easy access to the seven shops from the first basement floor to the fourth floor, large glazed showroom elevators welcome the customers. An elevator for each brand allows customers direct access to the main shop floor from Plaza at the ground floor. The plaza, called Swatch street, with its vertical green wall is a lively and dynamic place for anyone who steps into the open space of the building.

Nicolas G. Hayek Center, le siège du Swatch Group Japon est situé à Ginza, le quartier le plus chic de Tokyo pour le shopping et la restauration. Ce bâtiment de quatorze étages abrite les sept principaux magasins d'horlogerie du groupe Swatch, du premier sous-sol au quatrième étage, le service clientèle et les bureaux du cinquième au treizième étage, un hall au quatorzième étage et des ascenseurs à voiture menant au deuxième sous-sol.

Le concept du bâtiment est né du contexte de Ginza – le quartier où le terrain est le plus cher au monde – et il s'aligne sur un grand nombre de boutiques élégantes et de restaurants chics, tant dans la rue de Ginza que dans les ruelles environnantes. Pour refléter les caractéristiques de Ginza dans le bâtiment, l'extérieur du bâtiment (les façades avant et arrière) est couvert de volets en verre de quatre étages. Une fois les volets en verre ouverts, le bâtiment devient une rue de Ginza que tout le monde peut parcourir. Shigeru Ban procède à une inversion intelligente de la façade.

Pour pouvoir accueillir les sept magasins, il n'utilise pas le petit côté de la parcelle (qui donne sur la rue), mais plutôt le côté le plus long, dans le but d'attirer les passants dans l'îlot et de transformer cet espace en une rue. Considérant les prix des terrains à Ginza, cet acte est assez inhabituel, mais il est plutôt réussi car cela permet à un espace privé d'obtenir des qualités publiques. Le mur intérieur le long du grand atrium est végétalisé, afin de transformer le domaine des magasins, des clients et des bureaux en un parc vertical.

L'espace privé pour le shopping est ouvert comme s'il s'agissait d'une place publique. Pour rendre facilement accessibles les sept magasins du premier sous-sol au quatrième étage, de grands ascenseurs vitrés accueillent les clients. Ces sept larges ascenseurs pour chaque marque permettent aux clients d'accéder directement du rez-de-chaussée à l'étage principal. La Plaza, appelée «Watch Street», avec son mur végétal vertical, est un lieu vivant et dynamique pour tous ceux qui entrent dans le bâtiment.

Below: the permeable facade can be opened and closed, allowing visual connection with the street extension of the public space
Right: transparent glass elevator acting as a display window for customers entering the building and vertical green walls surrounding the atrium and transforming it into a public garden

Ci-dessous : la façade perméable peut être ouverte et fermée, permettant une connexion visuelle avec l'extension de l'espace public dans la rue
A droite : ascenseur en verre transparent servant de vitrine pour les clients qui entrent dans le bâtiment et murs verts verticaux entourant l'atrium et le transformant en jardin public

SOHO UNIT

NAKA ARCHITECTS STUDIO/TOSHIHARU NAKA AND YURI UNO, TOKYO, 2015

Naka Architects believe that houses made exclusively for living, a concept which started as part of the modernization process in Japan, divided people's lives by placing a strong emphasis on privacy and led to increased rigidity in urban life. SOHO *(small office home office)* businesses have proliferated thanks to the advent of technologies such as cloud computing and mobile devices that allow home workers to access business information over the internet from wherever they are. The benefits of SOHO units include reduced commuting time, more family time, less distraction, and reduced stress.

The project "Apartments with a Small Restaurant" is a particular type of SOHO which focuses on the small economy of individual livelihoods, and attempts to create a living environment that is open to the local community. Built on a lot in downtown Tokyo, this project promotes a lifestyle of living and working in the same place, a tradition rooted in the nearby shopping arcade. This architectural project connects five SOHO living units, a dining hall, and a shared office space, connected to a semi-outdoor alley.

Located in a densely populated district composed of wooden buildings, this spiral-shaped common alley is a roughly three-meter-wide border zone made up of a common corridor and terraces for each unit.

The alley is positioned between the apartments and the surrounding neighborhood, the restaurant between the street and the building, and the work area between the bedrooms and the alley. As a result, everything from the private spaces to public space is linked in a blurred, interpenetrative, intermediate range, producing a spontaneous relationship between the domestic and the urban. Usually, the occupants of the SOHO units are also the clients of the restaurant. In reality, the restaurant can be seen as a sort of big family kitchen for regular clients who have developed deep ties.

L'agence d'architecture Naka pense que les maisons faites exclusivement pour habiter – un concept qui a commencé dans le cadre du processus de modernisation au Japon – a décomposé la vie urbaine en mettant fortement l'accent sur la vie privée ce qui a conduit à une rigidité accrue de celle-ci. Les bâtiments de type SOHO *(small office home office)* se sont développés autour de technologies comme le stockage massif de données et autour des appareils connectés qui permettent le télétravail. Les bénéfices comprennent la réduction des temps de trajet, plus de temps en famille, moins de distractions et moins de stress.

Le projet «Appartements avec un petit restaurant» est un type particulier de SOHO qui se concentre sur l'économie de subsistance personnelle, et tente de créer un environnement de vie ouvert à la communauté locale. Construit sur une parcelle du centre-ville de Tokyo, ce projet propose de réunir lieu de travail et lieu de vie, une tradition enracinée dans la galerie commerciale voisine. Ce projet architectural relie cinq unités SOHO, une salle à manger et un espace de bureau partagé, connecté à une allée semi-extérieure.

Située dans un quartier dense composé de bâtiments en bois, l'allée commune en forme de spirale forme une délimitation d'environ trois mètres de large composée d'un couloir commun et de terrasses pour chaque unité.

L'allée est située entre les appartements et le voisinage, le restaurant entre la rue et l'immeuble, et la zone de travail entre les chambres et l'allée. Ainsi, l'ensemble allant de l'espace privé à la rue, est relié par cet espace tampon, interpénétrant, intermédiaire, donnant naissance à une relation spontanée entre le domestique et l'urbain. Souvent, les occupants des unités SOHO sont aussi des clients du restaurant. En réalité, le restaurant peut être vu comme une sorte de cantine familiale pour des clients réguliers qui y ont développé des liens importants.

PU > PR

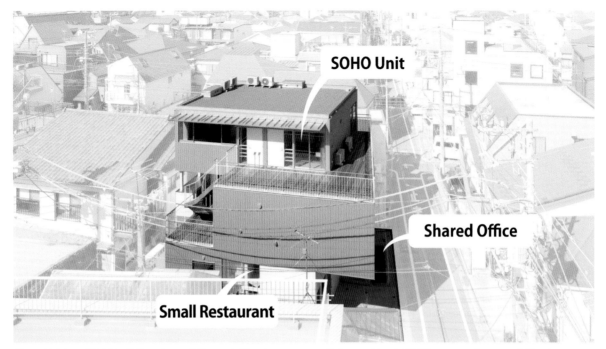

SOHO Unit

Shared Office

Small Restaurant

Above: birdview of SOHO with its various activities and different degrees of intimacy

Ci-dessus : Vue de SOHO avec ses diverses activités et ses différents degrés d'intimité

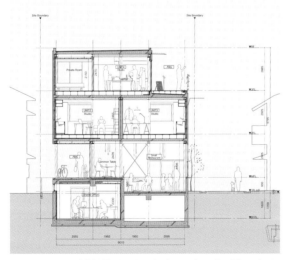

Above: section of SOHO showing the integration of public, private, and semi-private spaces

Ci-dessus : coupe de SOHO montrant l'intégration des espaces publics, privés et semi-privés

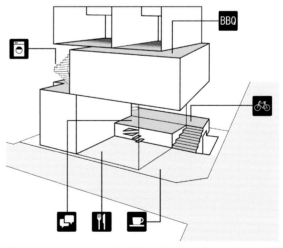

Above: axonometric view highlighting the circulation system serving as collective space for the inhabitants and the services it hosts

Ci-dessus : Axonométrie mettant en évidence le système de circulation qui sert d'espace collectif pour les habitants et les services qu'il accueille

Right: the restaurant is split into two levels with different degrees of sharing: the upper one is reserved to the residents; the lower one is open to anyone

Below: a SOHO studio unit, featuring a high level of transparency in the communal areas, which accommodate shared services such as washing machines, terraces and vegetation

A droite: le restaurant est divisé en deux niveaux avec différents degrés de partage : le niveau supérieur est réservé aux résidents le niveau inférieur est ouvert à tous

Ci-dessous : un studio SOHO, avec une forte transparence des espaces communs, qui accueillent des services partagés tels que des machines à laver, des terrasses et de la végétation

YOKOHAMA APARTMENTS

ON DESIGN PARTNERS/OSAMU NISHIDA AND ERIKA NAKAGAWA, YOKOHAMA, 2012

The Yokohama apartments are a residential complex consisting of a semi-public courtyard canopied by four one-room units for young artists. The semi-public courtyard is a place for exhibition and work. The site is a hilly area with narrow roads, where small wooden houses are clustered. The concept is that providing a semi-public courtyard for exhibitions and working, in addition to huts for living in, allows the place to become an environment where people can find a space to show their work and ways to use it, but also create a place for meeting other people and gathering together.

The semi-public courtyard is a modern interpretation of architecture elevated using *piloti*, not only as a form for space, but also as a condition that encourages a variety of lifestyle-enhancing elements in terms of the common use of the space. The fact that artists live in these apartments helps to build a community based on affinities. The inhabitants help each other, are enabled to escape the solitude that artists sometimes experience, and can co-create and co-produce their work and the work of other artists. As a result, the area has become more lively, and offers the neighbors an additional option for meeting up.

L'appartement Yokohama est un complexe résidentiel composé d'une cour semi-publique surmontée de quatre unités d'une pièce chacune pour jeunes artistes. La cour semi-publique est un lieu d'exposition et de travail. Le site est une zone vallonnée avec des rues étroites où sont regroupées de petites maisons en bois. Le concept de la mise en place d'un lieu semi-public pour les expositions et le travail, en plus de cellules d'habitation, permet à la place de devenir un environnement où les gens puissent trouver un espace pour exposer, un lieu de rencontre et de rassemblement.

La cour semi-publique est une interprétation moderne qui utilise les pilotis pour structurer l'espace comme un élément qui encourage une variété de fonctions améliorant le style de vie en termes d'utilisation commune de l'espace. Le fait que des artistes vivent dans ces appartements contribue à y construire une communauté basée sur les affinités. Les habitants s'entraident, peuvent échapper à la solitude que les artistes ressentent parfois, et peuvent collaborer entre eux et avec d'autres artistes. Le quartier est devenu plus vivant et offre aux voisins une possibilité supplémentaire de se retrouver.

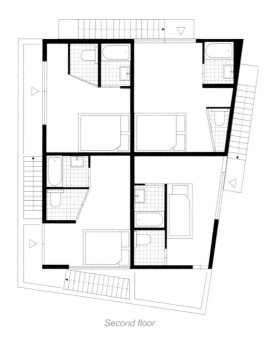

Second floor

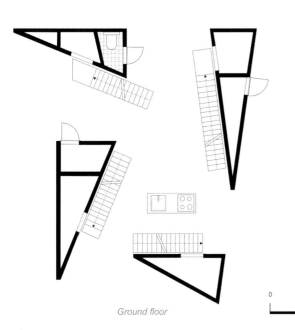

Ground floor

0   2m

Above: stairs give access to the upper apartments and thus link private and semi-private spaces
Left: plans of the house showing the new interpretation of the piloti system creating the shared courtyard
Opposite: view from the street highlighting the passage from public to semi-private to private space

En haut : les escaliers donnent accès aux appartements supérieurs et relient ainsi les espaces privés et semi-privés
A gauche : plans de la maison montrant la nouvelle interprétation du système de pilotis créant la cour commune
Ci-contre : vue de la rue mettant en évidence le passage de l'espace public à l'espace semi-privé puis à l'espace privé

ATELIER TENJINYAMA

IKIMONO ARCHITECTS/TAKASHI FUJINO, TAKASAKI, GUNMA, 2011

With an earth floor and a glass roof, this building designed by Takashi Fujino of Ikimono Architects, experiments with the limits between inside and outside. This is a recurring theme found in many of Ikimono Architects' projects. Trade-offs are inevitable in a building of this kind. For instance, one has to use an umbrella to access the bathroom when it is raining, and then there are the hassles that come with an earth floor. The pay-offs come in the form of being able to grow plants inside through the floor, to gaze at the clouds and stars, to listen to the sound of the rain, and to smell the scent of spring flowers.

As for the design method, its simplicity is clearly visible. Make a box to live in, establish windows connected to the town, make the ceiling transparent to look up at the sky, plant trees inside, leave an earthen floor so that roots grow, and raise the ceiling so that the plants can grow tall. An environment like this helps occupants experience and enjoy the dynamic changes of the times of day and of the seasons. The space is used by architects and designers as a co-working space: it has the peculiarity of being connected to nature, and it also shows that a working space can be fun and can nurture the wellbeing of its occupants.

Doté d'un sol en terre et d'une toiture en verre, ce bâtiment, conçu par Ikimono Architects, interroge les limites entre intérieur et extérieur. C'est un thème récurrent dans de nombreux projets d'Ikimono Architects. Les compromis sont inévitables dans un bâtiment de ce type, comme par exemple utiliser un parapluie pour accéder à la salle de bain lorsqu'il pleut, et vivre avec les désagréments que pose un sol en terre. Les avantages se traduisent par la possibilité de faire pousser des plantes à l'intérieur à travers le sol, de contempler les nuages et les étoiles, d'écouter le son de la pluie et de sentir l'odeur des fleurs printanières.

Quant à la méthode de conception, la simplicité en est clairement visible. Fabriquez une boîte pour y vivre, positionnez-y des fenêtres ouvertes sur la ville, rendez le plafond transparent pour regarder le ciel, plantez un arbre pour faire une tonnelle, laissez un sol en terre pour que les racines y poussent, et élevez un plafond pour que les plantes puissent grandir. Un tel environnement aide les habitants à vivre et à apprécier les changements dynamiques de temps, des jours et des saisons. L'espace est utilisé par les architectes et les designers comme un co-working dont la particularité est d'être en lien avec la nature, montrant également qu'un espace de travail peut être ludique et favoriser le bien-être de ses occupants.

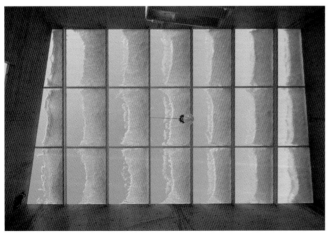

Below: transparent glass ceiling allowing light and sun into the house as well as direct observation of changing weather

Ci-dessous : la verrière permets à la lumière de pénétrer dans la maison ainsi que l'observation directe des changements de temps

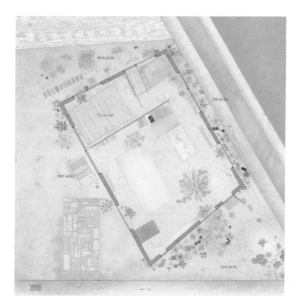

Top: section showing the inclusion of nature inside the workshop
Bottom: ground floor plan showing the permeability of the space

En haut : coupe montrant l'intégration de la nature dans l'atelier
En bas : plan du rez-de-chaussée montrant la porosité de l'espace

SUNNY HILLS CAKE SHOP, GATHERING CENTER
KENGO KUMA AND ASSOCIATES, TOKYO, 2013

This shop, which specializes in selling pineapple cake (a popular sweet dessert in Taiwan), is in the shape of a bamboo basket. The Sunny Hills Company accepted the designer's proposal to use a revolutionary innovative sales model: the store welcomes visitors by giving everyone a pineapple cake and a cup of tea for free.

Visitors are welcomed as if they were in a private home. Only if they are interested need they then buy something. This is shown by the specific intention to make the store not only a commercial place but also a place of rest and welcome for the whole neighborhood. The shop owner – who comes from Taiwan – readily agreed to the proposal; as the pineapple plantations in Taiwan are located in economically depressed areas of the state, welcoming strangers remains a strong part of local culture, and nobody is refused a pineapple cake.

The fact that this same spirit is replicated in one of the most expensive neighborhoods in the world indicates an interest in trade-related demand, but it puts the emphasis on the will to create a bond through the ritual of having a cup of tea and consuming a cake together. The rediscovery of a convivial dimension within a commercial space demonstrates an atypical way of combining public and private spaces.

The building itself was built thanks to a joint system called *Jiigoku-Gumi* 地獄組, a traditional method used in Japanese wooden architecture. Normally, two pieces intersect in two dimensions; here, they are combined in three dimensions, creating a structure like a cloud. By using this idea and making the structure rigid, the section size of each wood piece was made extremely thin, just 60 mm × 60 mm.

As the building is located in the middle of the residential area in Aoyama, Kengo Kuma wanted to give a soft and subtle atmosphere to it, completely different from that of a concrete box, such as many other constructions in the same area.

Cette boutique, spécialisée dans la vente de gâteaux à l'ananas (un dessert sucré populaire à Taiwan), est conçue en forme de panier en bambou. L'entreprise Sunny Hills a accepté la proposition de l'architecte d'utiliser un modèle de vente révolutionnaire et innovant: le magasin accueille les visiteurs en leur offrant un gâteau à l'ananas et une tasse de thé gratuitement.

Les visiteurs sont accueillis comme s'ils étaient dans une maison privée et seulement s'ils le désirent, ils peuvent continuer leurs achats. Cela se traduit par la volonté spécifique de faire du magasin non seulement un lieu commercial mais aussi un lieu de repos et d'accueil pour l'ensemble du quartier. Le propriétaire du magasin – qui vient de Taiwan – a accepté la proposition car les plantations d'ananas à Taiwan sont situées dans des régions économiquement défavorisées de l'état où l'accueil des étrangers constitue une partie importante de la culture locale et personne ne se voit refuser un gâteau à l'ananas.

Le fait que ce même esprit soit reproduit dans l'un des quartiers les plus chers au monde indique un intérêt pour une demande liée au commerce, mais il met aussi l'accent sur la volonté de créer un lien autour du rituel de prendre une tasse de thé et de consommer un gâteau ensemble. La redécouverte d'une dimension conviviale dans un espace commercial démontre une manière atypique de combiner espaces publics et privés.

Le bâtiment lui-même a été construit grâce à un système de jointures appelé *Jiigoku-Gumi* 地獄組, une méthode traditionnelle utilisée dans l'architecture japonaise en bois. Normalement, deux pièces s'entrecroisent en deux dimensions ; ici, elles sont combinées en trois dimensions, créant une structure telle un nuage. En utilisant cette idée et en rendant la structure rigide, la taille de la section de chaque pièce de bois a été rendue extrêmement fine, seulement de 60 mm × 60 mm.

Comme le bâtiment est situé au coeur du quartier résidentiel d'Aoyama, Kengo Kuma a voulu lui donner une atmosphère douce et subtile, complètement différente de celle d'une boîte en béton comme beaucoup de bâtiments dans le quartier.

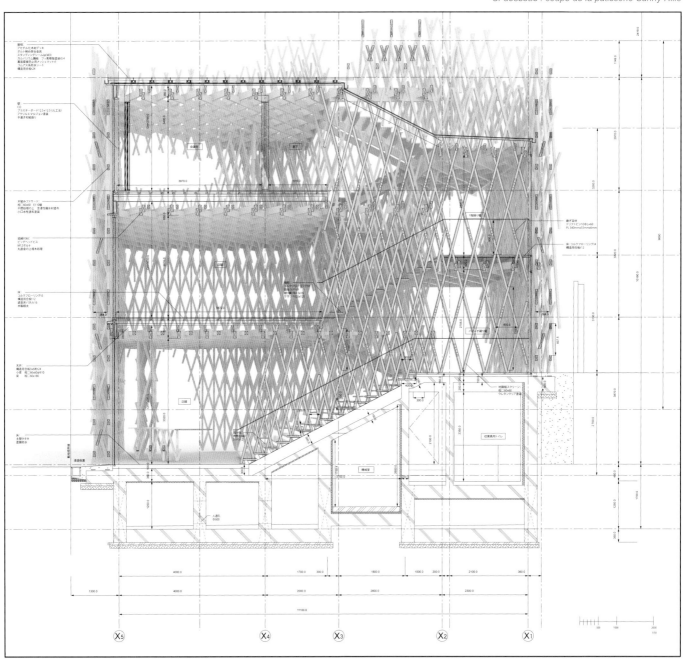

UBLI

This part of the book explores some projects in which the boundaries between interior and exterior pay homage to the Japanese proclivity for not-closed-off and vague limits. The architecture of the twentieth century focused on function and form; the current architectural debate is concerned more with relationships and boundaries.

To whom does the facade of a building belong? The interior of the building belongs to the owner, while its exterior belongs to everybody. The facade of a building is something public, even if it belongs to a private owner.

Various screens such as louvers, curtains, and intermediate zones (such as verandas, corridors, and eaves) are gaining attention once more as devices for connecting the environment to the buildings. Several projects in this section demonstrate a kind of spatial disintegration that has led to a redefining of the relationship between inside and outside, helping new relationships to emerge. Without recognizable, exclusionary site boundaries, the projects shown here are conceived as an extension of the neighborhood, welcoming and sucking in an almost sponge-like, pedestrian street pattern of quiet, residential areas.

In this section, we see that boundaries are vague. Rooms are within the city and the city is within apartments, offering free access from the intermediary of the urban street network.

Cette partie du livre présente quelques projets où les frontières entre intérieur et extérieur exaltent la propension japonaise à des limites fluctuantes et indéfinies. Alors que l'architecture du XXe siècle était axée sur la fonction et la forme, le débat architectural actuel porte davantage sur les liens et les frontières.

A qui appartient la façade d'un bâtiment? L'intérieur du bâtiment appartient au propriétaire tandis que son extérieur appartient à tous. La façade d'un bâtiment devient publique même si elle appartient à un propriétaire privé.

Les écrans divers tels que les persiennes et les rideaux, et les espaces intermédiaires (tels que les vérandas, les couloirs et les auvents) attirent une fois de plus l'attention en tant que dispositifs permettant de relier l'environnement aux bâtiments. Plusieurs projets de cette section montrent une sorte de décomposition spatiale qui a conduit à la redéfinition des relations entre intérieur et extérieur, favorisant l'émergence de nouvelles relations. Sans délimitation perceptible, en repoussant les limites du site, les projets exposés sont conçus comme des extensions du quartier, accueillant et aspirant presque comme une éponge le tracé des rues piétonnes des quartiers calmes et résidentiels.

Dans cette partie, nous verrons que les limites deviennent floues. Les pièces sont en lien avec la ville et la ville entre à l'intérieur des appartements, permettant un accès libre à travers le réseau urbain.

LIMITES INCERTAINES
UNCERTAIN BOUNDARIES

RENTAL SPACE TOWER

SOU FUJIMOTO ARCHITECTS, TOKYO, 2016

Commissioned by the Daito construction trust, Sou Fujimoto's pavilion for the exhibition *House Vision 2* – held in Tokyo in 2016 – responds to the need to *"redefine the rental house"*. Creating a model that visualizes as an interconnected system of pathways, common areas and plant-filled terraces, the aim of this timber pavilion is to minimize private areas in order to provide capacious shared spaces, such as kitchens, bath rooms, home cinema rooms and gardens. The idea is to prove that communal life is rich, and that private space can be reduced to a hermit's hut.

Sou Fujimoto reappraises the concept of rental housing, which is always configured so that space for exclusive occupancy is maximized while common areas are confined to passageways. The Japanese architect envisions a solution that differs from a house share in that the living room and other spaces outside of one's own room are shared with others. The spaces are recombined to provide a glimpse of comfortable and relaxing rental housing.

The typical banality of corridors is transformed to create vibrant composite places. The private and shared areas of Fujimoto's rental space tower are easily individuated. Extra connections such as small bridges and pathways link the various shared areas. Fujimoto proves that rental houses can really be an asset for improving occupants' lives and making the banal space of the rental house a driver for public space improvement.

Commandité par le constructeur Daito, le pavillon de Sou Fujimoto pour l'exposition *House Vision 2* répond à une *«redéfinition du logement locatif»*. En créant un modèle qui se visualise comme un système interconnecté de parcours, d'espaces communs et de terrasses plantées, le but de ce pavillon en bois est de minimiser les espaces privés afin de fournir des espaces communs amples, tels que des cuisines, des salles de bains, des home cinéma et des jardins. L'idée est de montrer que la vie commune est riche, et que l'espace privé peut être réduit à une hutte d'ermite.

Sou Fujimoto réévalue le concept du logement locatif, qui a toujours été pensé de façon à privilégier l'espace personnel, tandis que les espaces communs sont confinées aux circulations. L'architecte japonais a imaginé une solution inédite, dans le sens où le salon et le reste des espaces, en dehors de sa propre chambre, sont partagés avec les autres. Les espaces sont recombinés pour donner l'aperçu d'un logement locatif confortable et relaxant.

La banalité classique des circulations est revisitée afin de créer des espaces composites et dynamiques. Les espaces privés et partagés de la tour locative de Fujimoto sont facilement individualisés. Des connexions supplémentaires telles que de petites passerelles et passages relient les espaces de partage créant une dynamique entre eux. Fujimoto montre que les résidences peuvent vraiment constituer un terreau pour améliorer la vie des habitants et en faire des moteurs d'amélioration de l'espace public.

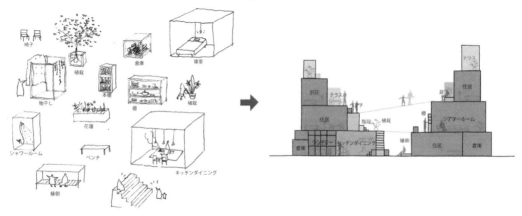

Opposite: diagrams illustrating the different kind of spaces hosting a variety of
shared activities linked together by bridges and pathways

Ci-contre : diagrammes illustrant les différents types d'espaces accueillant une
variété d'activités communes reliées entre elles par des ponts et des passages

Photos showing a variety of common spaces on the different levels stimulating community life. The plants occupy a primary place in the building transforming it into a terraced garden

Photos montrant une variété d'espaces communs à différents niveaux stimulant la vie communautaire. Les plantes occupent une place primordiale dans le bâtiment, le transformant en un jardin en terrasse

MORIYAMA HOUSE

RYUE NISHIZAWA ARCHITECTS, TOKYO, 2005

Designed for Mr. Yasuo Moriyama, the house comprises a group of ten white boxes. They range between one and three floors, and are dispersed throughout a garden. The idea of making a "house as city" informs the vision of Nishizawa. The Moriyama House represents the disarticulation of the single volume into several fragments that are connected through the external space. The rooms here are scattered elements of a language that previously found its synthesis within a compact mono-volume that was defined as home. There are no more corridors or sliding doors to connect the occupants' rooms, but the garden as a common space. The volumes on the site accommodate a variety of requirements. This group of individually proportioned buildings establishes an independent landscape and atmosphere of its own.

The main idea of the project is to disperse the usual collection of rooms of a rental house. This dispersion creates a distance between the units which is used as a connective space that holds together this innovative use of private space turned into one with public qualities where the occupants can meet. The 6-centimeter-thick load-bearing walls, extremely thin even by Japanese standards, are reinforced with steel plates, thus making large window openings possible. In between, a landscape of paths, courts, and niches unfolds, cascading unhindered on all sides into the public alleys of the district. The boxes harbor five compact rental apartments, some stacked and each having 16–30 square meters of space and a garden, plus the apartment of the landlord, who can only access his scattered functional facilities, such as bath and kitchen, from the exterior.

What is this house where landscape, city, and houses become indistinguishable? In this house, the client is given the freedom to decide which part of this cluster of rooms is to be used as residence or as rental rooms. He may switch among the series of living rooms and dining rooms, or use several rooms at a time according to the season or other circumstances. Freeing up the units and the relationships between them creates a contrast with the common idea of what a place like this is like.

Conçue pour M. Yasuo Moriyama, la maison est constituée d'un assemblage d'une dizaine de boîtes blanches de un à trois étages, et répartis dans un jardin. L'idée de faire «d'une maison une ville» est à la base de la vision de Nishizawa. La maison Moriyama représente la désarticulation d'un volume unique en plusieurs éléments reliés entre eux par l'espace extérieur. Les chambres deviennent ici les éléments épars d'un langage qui trouvait précédemment sa synthèse au sein d'un volume unique et compact défini comme le foyer. Il n'y a plus de couloirs ni de portes coulissantes pour relier les chambres des habitants, mais un jardin comme espace commun. Les volumes répondent à des exigences multiples sur le site. Cet ensemble proportionné d'unités individuelles établit un paysage et une atmosphère en soi.

L'idée principale du projet est de fragmenter la série habituelle des pièces qui composent une maison de location. Ici, la distance entre les unités devient un espace de connexion qui maintient cet usage innovant de l'espace privé transformé en un espace aux qualités publiques, où les occupants se retrouvent. Les murs porteurs de 6 cm d'épaisseur, extrêmement minces même selon les standards japonais, sont renforcés de plaques d'acier, ce qui permet de grandes ouvertures de baies. Entre les deux, un environnement de parcours, de cours et de niches se déploie, s'étalant sans limites vers les allées publiques du quartier. Les unités abritent cinq appartements compacts destinés à la location, certains se superposent et disposent chacun de 16 à 30 m^2 de surface, avec chacun un jardin. L'appartement du propriétaire ne peut accéder que de l'extérieur aux fonctions telles que la salle de bains ou la cuisine.

Quelle est cette maison où le paysage, la ville et la maison deviennent indissociables ? Dans ce projet, le client est libre de décider quelle partie de cet ensemble doit être utilisée comme résidence personnelle ou comme chambre à la location. Il peut aller d'une série de salons et de salles à manger à l'autre ou utiliser plusieurs pièces à la fois en fonction de la saison ou de l'affluence. Libérer les unités entre elles ainsi que les relations créées provoque un contraste avec l'idée classique que l'on se fait d'un lieu de ce type.

UBLI

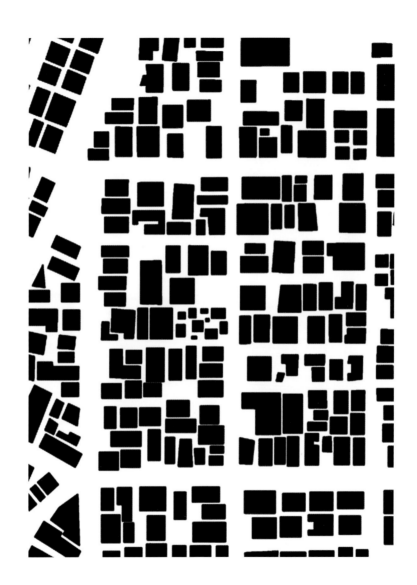

Above: urban insertion plan
The morphology of the Moriyama House is
inspired by the typical urban structure of the
neighborhood but on a smaller scale

Ci-dessus : plan d'insertion urbaine
La morphologie de la maison Moriyama
s'inspire de la structure urbaine typique
du quartier, mais à une échelle plus réduite

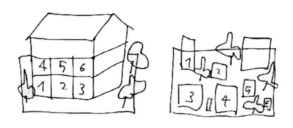

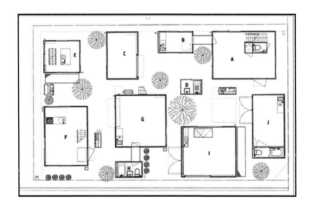

INDEPENDENT PRIVATE HOUSING AREA

COMMUNAL PUBLIC AREA

Above: ground floor plan and diagrams showing
spaces separated according to function creating a
mini urban block with communal spaces allowing
networking between individuals

Ci-dessus : plan du rez-de-chaussée et diagrammes
montrant des espaces séparés selon leur fonction
créant un mini-quartier avec des espaces communs
permettant le networking

*Bird's eye view of the Moriyama House showing its
permeable and unique atmosphere
Landscape, city, and houses blend together and
become indistinguishable*

*Vue à vol d'oiseau de la maison Moriyama montrant
son atmosphère perméable et unique
Le paysage, la ville et les maisons se mélangent et
deviennent indissociables*

BOUNDARY WINDOW

SHINGO MASUDA AND KATSUHISA OTSUBO ARCHITECTS, CHIBA, 2013

Shingo Masuda and Katsuhisa Otsubo transformed a two-storey reinforced concrete house into a villa. The project has a great expressive force; the load-bearing structure of an anonymous house from the '70s is reused and radically turned into an attractive contemporary architecture. The new large window acts as an interface between interior and exterior space, underlining the existence of a new limit that modulates the relations between inside and outside, offering a new quality of space.

Usage of this house is based on an alternation. The owner uses it during the holidays and rents it through Airbnb when he is not there. The house is located half-an-hour's drive west of central Tokyo. The client has requested that the empty space in front of the main facade be opened and transformed into a green garden where indoor activities could be extended to the outside. Masuda and Otsubo integrated the needs of the owner into both the interior and exterior plans.

The architects' main concept was to use a larger-sized window as a tool to unify the interior and exterior space. The architects play with the main facade, extending it over the height of the building. The existing balcony on the south side has been dismantled, and a glazed wall covers the facade. The existing openings were not closed with normal windows or glass doors, but were instead covered by a single huge large window that is detached 30 cm from the main structure in the direction of the garden. This window is divided into sixteen frames. These were designed on a scale that allows them to be easily moved by just two people. Each glass door is 4.1 m high and 1.7 m wide.

The steel and glass details have been calculated in such a way as to reduce the total weight of the frame. The glass has a thickness of 3 mm. It acts as a soft membrane, and protects the reinforced concrete wall, which is left unfinished. The glass actually has a high capacity for reflection of the sun's rays, allowing the sunlight to be reflected. The reflected light reaches the farthest corner of the garden, which is generally in shade. What was once a dark place during the winter because of the shadows cast by the surrounding

Shingo Masuda et Katsuhisa Otsubo ont transformé une maison de deux étages en béton armé en une villa. Le projet se caractérise par une grande force d'expression dans la mesure où il réutilise la structure porteuse d'une maison anonyme des années 70 pour la transformer radicalement en une architecture contemporaine attrayante. La nouvelle grande baie agit comme une interface entre intérieur et extérieur, soulignant l'existence d'une limite nouvelle qui module les relations entre dedans et dehors, offrant de nouvelles qualités d'espace.

L'occupation de cette maison est basée sur une alternance. Le propriétaire dispose du logement pendant les vacances et le loue sur Airbnb le reste du temps. Elle est située à une demi-heure de route à l'ouest du centre de Tokyo. Le client a également demandé que l'espace libre devant la façade principale soit ouvert et transformé en un jardin végétalisé où les activités intérieures puissent être étendues à l'extérieur. Masuda et Otsubo ont intégré les demandes du client dans les plans à l'intérieur et à l'extérieur.

Le concept principal des architectes se base sur l'utilisation d'une grande baie afin d'unifier l'espace intérieur et extérieur. Ils jouent avec la façade principale, en la prolongeant sur toute la hauteur du bâtiment. Le balcon existant du côté sud a été démoli et en façade un faux étage a été ajouté de la même hauteur que celui du niveau en dessous. Les ouvertures existantes ne sont pas fermées par des fenêtres ou des portes vitrées classiques, mais couvertes par d'une seule grande baie qui se détache de 30 cm de la structure principale vers le jardin. Cette baie vitrée est divisée en seize éléments dont la taille leur permet d'être facilement déplacées par deux personnes. Chaque porte vitrée mesure 4,1 m de haut sur 1,7 m de large.

Les détails en acier et en verre sont calculés de façon à réduire le poids total de la porte. Le verre a une épaisseur de 3 mm et agit comme une membrane souple qui protège le mur en béton armé laissé brut. Le verre a en effet une grande capacité de réflexion solaire ce qui permet ainsi de refléter la lumière du soleil. En effet, la lumière réfléchie atteint les espaces les plus éloignés du jardin,

The building after the renovation, with the boundary window acting as a filter between the construction and the garden

Le bâtiment après la rénovation, avec la fenêtre de délimitation agissant comme un filtre entre la construction et le jardin

buildings is now a verdant and bright environment. This project by Masuda and Otsubo proves that a rather nondescript '70s architecture can be turned into a masterpiece by a project that makes simplicity its hallmark. The architects have tried to make a balanced architecture that endeavors to reconcile the site's various constraints and aspects.

qui est généralement ombragé. Cette maison qui était autrefois sombre pendant l'hiver avec l'ombre des bâtiments environnants est devenue un espace verdoyant et lumineux.

Le projet de Masuda et Otsubo montre qu'une architecture sans qualité des années 70 peut se transformer en un chef-d'œuvre avec la simplicité comme marque de fabrique. Les architectes ont tenté de réaliser une architecture mesurée qui réussit à concilier les différentes contraintes du site.

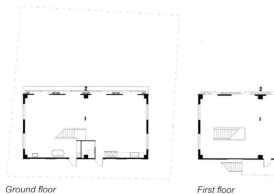

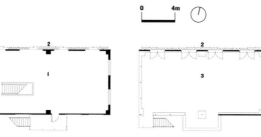

1 photographic studio
2 curtain wall
3 roof terrace

0   4m

Ground floor   First floor   Roof top

Building transformation: the glass screen acts as a second facade, reflecting sunlight to illuminate the garden, and replacing the windows on the concrete facade to maintain better transparency between the interior and the exterior

Transformation du bâtiment : l'écran de verre agit comme une seconde façade, réfléchissant la lumière du soleil pour éclairer le jardin, et remplaçant les fenêtres de la façade en béton pour maintenir une meilleure transparence entre l'intérieur et l'extérieur

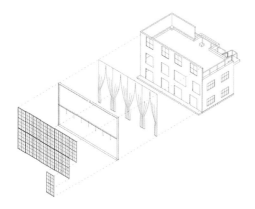

NA HOUSE

SOU FUJIMOTO ARCHITECTS, TOKYO, 2012

Designed for a young couple and situated in a quiet Tokyo neighborhood, this 84 square-meters transparent house contrasts with the typical concrete block walls seen in most of Japan's dense residential areas. Associated with the concept of *living within a tree*, the spacious interior is comprised of 21 individual floor plates, all situated at different heights. This spatiality satisfies the clients' desire to live as nomads within their own home. Described as "a unity of separation and coherence", the house acts both as a single room and as a collection of rooms. The loosely defined program and the individual floor plates create a setting for a range of activities that can take place at different scales. The house provides spaces of intimacy, if two individuals choose to be close, but can also accommodate a group of guests by distributing people across the house.

Sou Fujimoto states: "The intriguing point of a tree is that these places are not hermetically isolated but are connected to one another in its unique relativity. To hear one's voice from across and above, hopping over to another branch, a discussion taking place by members from separate branches. These are some of the moments of richness encountered through such spatially dense living." Ranging in size from 2 to 8 square meters, each floor plate is linked by a variety of stairs and ladders, including short runs of fixed and movable steps. Stratifying floor plates on a furniture-like scale allows the structure to serve many types of functions, such as providing for circulation, seating, and working spaces. The short spans allow the construction of a subtle, thin steel structure.

The design is complemented by the thin white-tinted birch flooring, and many people wonder where the utilities/services are hidden. Some floor plates are equipped with in-floor heating for use during the winter months, while strategically placed fenestration maximizes air flow and provides the only source of ventilation and cooling during summer. Additionally, curtains were installed to provide temporary partitions that address concerns over privacy and separation.

Conçue pour un jeune couple dans un quartier calme de Tokyo, cette maison transparente de 84 mètres carrés contraste avec les murs de béton qui caractérisent la plupart des quartiers résidentiels au Japon. Associé au concept de *vivre dans un arbre*, l'ample espace intérieur est composé de 21 dalles de plancher indépendantes, toutes situées à différentes hauteurs, afin de satisfaire le désir des clients de vivre en nomades dans leur propre maison. Décrite comme «une unité de séparation et de cohérence», la maison agit à la fois comme une pièce unique et comme une collection d'espaces. Le programme peu défini et les plaques de planchers indépendantes créent un cadre aux activités qui peuvent avoir lieu à différentes échelles. La maison offre des espaces d'intimité : si deux personnes choisissent d'être proches, ou pour accueillir un groupe d'invités en répartissant les invités dans la maison.

Sou Fujimoto déclare que «le caractère intrigant d'un arbre est que ses espaces ne sont pas isolés hermétiquement, mais reliés les uns aux autres dans son unique relativité. Entendre la voix de l'autre côté et d'en haut, sauter d'une branche à l'autre, échanger une discussion. Ce sont là quelques-uns des moments de richesse qui se développent à travers une spatialité de vie aussi dense». D'une superficie de 2 à 8 mètres carrés, chaque dalle de plancher est reliée à une quantité d'escaliers et d'échelles, y compris des petites séries de marches fixes ou mobiles. La stratification des dalles de plancher à l'échelle du meuble permet à la structure de remplir de nombreuses fonctions, telles que la circulation, des assises et des espaces de travail. Les portées courtes permettent d'obtenir la finesse de la structure en acier blanc.

Complété par un plancher mince teinté en blanc, beaucoup se demandent où sont les espaces de services. Certaines plaques de plancher sont équipées d'un chauffage par le sol pour chauffer l'espace pendant d'hiver, tandis que les fenêtres sont disposées stratégiquement pour permettre la circulation de l'air, constituant la seule source de ventilation et de refroidissement pendant l'été. De plus, des rideaux ont été installés pour fournir des cloisons

*Exterior view of the house showing how its stratified levels
in a furniture-like scale allow the structure to serve many types of functions,
such as providing for circulation, seating and working spaces*

*Vue extérieure de la maison montrant comment ses niveaux en strates dont
l'échelle est semblable à celle d'un meuble permet à la structure d'offrir plusieurs
types de fonctions : des espaces de circulation, de travail ou pour s'assoir*

Sou Fujimoto feels that "the white steel-frame structure itself bears no resemblance to a tree. And yet the life lived and the moments experienced in this space represent a contemporary adaptation of the richness once experienced by our ancient predecessors from the time when they inhabited trees. Such is an existence between city, architecture, furniture and the human body, lived equally between nature and artificiality."

temporaires qui répondent aux préoccupations relatives à l'intimité et à la séparation.

Sou Fujimoto déclare que «la structure blanche en acier ne ressemble en rien à un arbre. Pourtant, la vie vécue et les moments vécus dans cet espace sont une adaptation contemporaine de la richesse vécue à l'époque où on habitait dans les arbres. Ainsi se développe une existence entre ville, architecture, mobilier et corps, vécue également entre nature et artificialité».

Section A-A'

Section B-B'

Section C-C'

Section D-D'

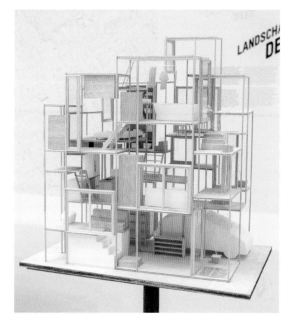

Above: wooden model of the building showing its stratified floor plates structure
Left and below: plans and section showing the complexity of the house's structure

Ci-dessus : maquette en bois du bâtiment montrant sa structure de strates de planchers
A gauche et en bas : plans et coupe montrant la complexité de la structure de la maison

Ground floor

First floor

Second floor

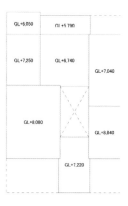

Roof floor

HOUSE IN BUZEN

SUPPOSE DESIGN OFFICE/MAKOTO TANIJIRI AND AI YOSHIDA, BUZEN, 2009

This structure, which is an architectural entity rather than a collection of rooms, contains a collection of constructions. The resulting interior path is covered by a glass roof that connects the various units to create an interior space that feels exterior, a private space that feels public, a hall that feels like a street.

Thanks to this design, activities that are usually performed inside can be also be performed outside; the courtyard becomes a part of everyday life. In a way, it is as if the streets have been appropriated by the house. This is an experiment in how to include the quality of an informal public space within a private one.

Here, we see architecture transcending the typical inside-outside relationship in order to experiment with new types of connections. Rather than a park or garden that was built to be played in, this house has a courtyard that would become a playground naturally. This project offers a concrete idea of how to expand a banal corridor into a breathing space which connects to natural elements such as the sun, and is open to natural ventilation.

Cette structure, qui est une entité architecturale plutôt qu'une collection de pièces, contient une collection de constructions. Le parcours intérieur qui en résulte est couvert d'une verrière qui relie les différentes unités afin de créer un espace intérieur où l'on se sente à l'extérieur, un espace privé qui semble public, un hall qui ressemblent à une rue.

Grâce à cette conception, les activités qui se déroulent habituellement à l'intérieur peuvent également être réalisées à l'extérieur : la cour devient partie intégrante de la vie quotidienne. D'une certaine manière, c'est comme si la maison s'était appropriée la rue, une expérimentation sur la façon d'inclure la qualité d'un espace public informel dans un espace privé.

L'architecture ici dépasse la relation classique intérieur-extérieur pour expérimenter de nouveaux types de relations. Plutôt qu'un parc ou un jardin qui a été construit pour y jouer, cette maison possède une cour qui pourrait devenir naturellement un terrain de jeu. Ce projet offre une idée concrète de la façon de dilater une banale circulation en un espace de respiration qui entre en relation avec les éléments naturels tels que le soleil et la ventilation naturelle.

Transparency between the spaces assures a visual as well as a physical connection throughout the house

La transparence entre les espaces assure une connexion visuelle aussi bien que physique dans toute la maison

Different views on the internal corridor serving as a transparent distribution space, bringing the city into the house and vice versa
Below: plan and section showing the corridor's ratio

Différentes vues sur le couloir intérieur servant d'espace de distribution transparent, faisant entrer la ville dans la maison et vice versa
Ci-dessous : plan et coupe montrant la proportion du couloir

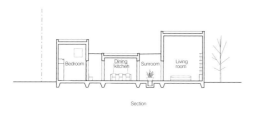

Section

Ground floor Plan

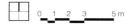

0 1 2 3   5 m

CO-DIVIDUALITY BEYOND JAPAN

CO-DIVIDUALITÉ AU-DELÀ DU JAPON

A CO-DIVIDUAL LIFE

Andrea BARTOLI

Often we are asked what is design. Design is everywhere, in everything. Planning your own life is also design.

When my wife Flo and I decided to leave Paris and return to Sicily we struggled between two very conflicting feelings. Fear and Love. We were afraid to deprive Carla and Viola, our little girls, of the possibilities, the beauty, the energy and the culture of a city like Paris.

On the other hand, the Love for our parents and the Love for our land, our beautiful Sicily, drove us to make a promise to ourselves. We would not cry, we would not expect anyone to change our lives for us, but we would do everything in our power to make Favara a nicer city, for us, for our little girls, for everyone.

We have hosted thousands of artists and creatives, installations and exhibitions that were able to question our most important values, that led us to adopt a position, that inspired us to become agents of change. In these ten fascinating years, we have seen and continue to see a changing city, many young people moved by enthusiasm, engaged in new businesses, so many parts of the city previously in ruins, but today returned to the community. Favara of the past was a place of the mafia and neglect, but today it is a city of young people, of experimentation, a small capital of urban regeneration. In a city where once not even a single tourist would came to visit, not even by mistake, we have been visited by more than 100,000 people a year for the past five years.

A small miracle.

Few years ago we started the most important project of Farm Cultural Park: Sou, the School of Architecture for Children. In less than four years, our thirty children have had the privilege of meeting and taking lessons from 153 teachers from all over the world, including two curators of the Venice Biennale and the deputy rector of Milan Polytechnic. They have designed skyscrapers for cats, contemporary monuments, urban gardens and places for children, teenagers, migrants, elderly people, even for Martians.

UNE VIE CO-DIVIDUELLE

On nous demande souvent ce qu'est le design. Le design est partout, dans tout. Projeter sa propre vie, c'est aussi du design.

Quand ma femme Flo et moi avons décidé de quitter Paris et de retourner en Sicile, nous avons lutté entre deux sentiments très contradictoires. La peur et l'amour. Nous avions peur de priver Carla et Viola, nos petites filles, des possibilités, de la beauté, de l'énergie et de la culture d'une ville comme Paris.

D'autre part, l'amour pour nos parents et l'amour pour notre terre, la merveilleuse Sicile, nous a poussé à nous faire une promesse. Nous ne pleurions pas, nous n'espérions pas que quelqu'un change notre vie pour nous, mais nous ferions tout ce qui est en notre pouvoir pour faire de Favara une ville plus belle, pour nous, pour nos petites filles, pour tous.

Nous avons accueilli des milliers d'artistes et de créateurs, des installations et des expositions qui ont pu remettre en question nos valeurs les plus importantes, qui nous ont amenés à prendre position, qui nous ont inspirés afin de devenir des agents du changement. Au cours de ces dix années fascinantes, nous avons vu et nous continuons de voir une ville en mutation, de nombreux jeunes animés d'enthousiasme, engagés dans de nouvelles entreprises, tant de morceaux de ville auparavant en ruines, qui aujourd'hui sont de retour dans la communauté. La ville de Favara du passé était un lieu de mafia et de négligence, aujourd'hui c'est une ville jeune, d'expérimentations, une petite capitale de la régénération urbaine. Dans une ville où pas un seul touriste ne venait nous rendre visite, même par erreur, nous avons été découvert par plus de 100.000 personnes par an pendant les cinq dernières années.

Un petit miracle.

Il y a quelques années, nous avons commencé le projet le plus important de la Farm : Sou, l'École d'Architecture pour Enfants. En moins de quatre ans, trente de nos enfants ont eu le privilège de rencontrer et de prendre des cours avec 153 professeurs du monde entier, dont deux commissaires de la Biennale de Venise

Sou, the School of Architecture is actually the first division of a more ambitious education project. We want to give our community a Children's Museum, a place where not 30 children, but 300 children can have access to brilliant people, not only on the theme of architecture, but also in dance, music, theater and even economics and politics and learn and be inspired by them.

Obviously this entire path is dotted with doubts; we have no certainties, we are fragile and fallible and ready to question ourselves on everything, but we are convinced that the only safe investment is in the education of future generations; only then can we have tomorrow's educated, ethical and generous citizens. These are the foundation of what we believe could be the beginning of a co-dividual life.

et le vice-recteur de l'École Polytechnique de Milan. Ils ont conçu des gratte-ciel pour chats, des monuments, des jardins urbains et des espaces pour les enfants, adolescents, migrants, personnes âgées, et même pour les Martiens.

Sou, l'École d'Architecture est en fait la première séquence d'un projet éducatif plus ambitieux. Nous voulons offrir à notre communauté un Musée des Enfants, un endroit où non pas 30 enfants, mais 300 enfants puissent avoir accès à des personnalités brillantes, non seulement sur le thème de l'architecture, mais aussi de la danse, la musique, le théâtre et même l'économie et la politique afin d'apprendre et s'inspirer d'eux.

Il est évident que tout ce chemin est parsemé de doutes ; nous n'avons pas de certitudes, nous sommes fragiles et faillibles et prêts à nous remettre en question sur tout, mais nous sommes convaincus que le seul investissement sûr reste l'éducation des générations futures ; ce n'est qu'alors que nous aurons des citoyens éduqués, éthiques et généreux. Cela constitue le fondement de ce qui pourrait être, selon nous, le début d'une vie co-dividuelle.

FARM CULTURAL PARK

Léa RUBINSTEIN

Farm Cultural Park is a private cultural institution, committed to a project of urban regeneration, social relevance, and sustainable development with the aim of giving the city of Favara and the neighboring areas a new identity, involving experimentation with new ways of thinking and living. This project stems from the persistence of Andrea Bartoli and Florinda Saieva, a pair of young professionals who decided to remain in Sicily in order to avoid complaining about what doesn't get accomplished there and to become the driving force behind a small but significant change. Farm Cultural Park has transformed a devastated town without a future into the island's most fashionable urban center, a factory of cultural, social, and artistic innovation.

Farm Cultural Park est un institut culturel privé, engagé dans un projet de régénération urbaine, de pertinence sociale et de développement durable : donner à la ville de Favara et aux régions voisines une nouvelle identité, impliquant l'expérimentation de nouvelles façons de penser et de vivre. Le projet de Laps Architecture est né de la persévérance d'Andrea Bartoli et Florinda Saieva, deux jeunes professionnels qui ont décidé de rester en Sicile pour éviter de se plaindre de ce qui n'y est pas accompli et pour devenir le moteur d'un changement ténu mais significatif. Farm Cultural Park a transformé cette ville dévastée et sans avenir en le centre urbain le plus à la mode de l'île, une véritable usine d'innovation culturelle et artistique.

FARM CULTURAL PARK

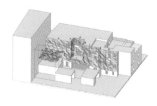

1, 2   **CHILDREN MUSEUM**
Under construction

ON GOING FUNDS RAISING CAMPAIGN

3   **GIGLIA RESIDENCE COMMUNITY SPACE**
(in project)

4   **ARTISTS' RESIDENCES**

5   **RIAD GARDEN**

6   **COMMON KITCHEN**

7   **CO-WORKING**

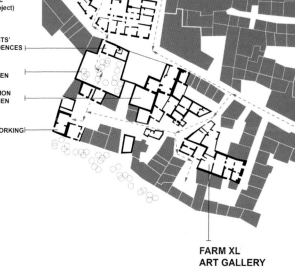

0 5   25m

FARM XL ART GALLERY

In 2017, Farm Cultural Park hosted an exhibition about Co-Dividual Architecture curated by Salvator-John A. Liotta and Fabienne Louyot. The exhibition layout made a great impact. For each realization, a 1:1 scale element has been replicated. Photos of the projects, printed in a large format, help the visitor to dive into an intense spatial experience.

Visitors can also physically participate in the notion of co-dividuality by sleeping in the bed capsules built within the art gallery. The capsules were conceived during an international design workshop involving the Kengo Kuma Lab of the University of Tokyo, the Université Libre de Bruxelles and the Politecnico di Milano, which lasted a week and gave students the chance to deepen their project and realize it.

Being able to wake up in an art gallery as if it were a shared house gives the exhibition-event an opportunity to activate experimental participatory practices and to propose new forms of transversal community. The bed capsules are still in operation and have been integrated into Farm Cultural Park's art routine.

En 2017, la Farm Cultural Park a accueilli une exposition sur l'architecture co-dividuelle, organisée par Salvator-John A. Liotta et Fabienne Louyot. Pour chaque projet, un élément à l'échelle 1:1 a été reproduit. Des photos des projets, imprimées en grand format, aidaient les visiteurs à se plonger dans une expérience spatiale intense.

Les visiteurs peuvent également participer physiquement à la notion de co-dividualité en dormant dans les capsules de lit construites au sein de la galerie d'art. Les capsules ont été conçues et construites au cours d'un workshop international impliquant le Kengo Kuma Lab de l'Université de Tokyo, l'Université Libre de Bruxelles et le Politecnico di Milano.

Le fait de pouvoir se réveiller dans une galerie d'art comme s'il s'agissait d'une maison partagée donne à l'exposition-événement l'occasion d'activer des pratiques participatives expérimentales et de proposer de nouvelles formes de communautés transversales. Les capsules-lits sont toujours en activité et ont été intégrées dans la routine artistique de la Farm Cultural Park.

While perusing the exhibition, visitors discover the existence of small innovative architectural solutions that propose models and typologies of housing revolving around the subject of living together in a community

En parcourant l'exposition, les visiteurs découvrent l'existence de petites solutions architecturales innovantes qui proposent des modèles et des typologies de logements tournant autour du thème du vivre ensemble dans une communauté

The 'living quarters' dispersed among the artwork on display allow visitors to sleep over in a unique environment. In that way, unexpected encounters take place between visitors and ephemeral residents within the Farm Cultural Park premises, encouraging their reflection on new ways of living together

La présence de capsules parmi les œuvres exposées, où les gens peuvent passer la nuit, fait la particularité de cette exposition. Ainsi, des rencontres inattendues ont lieu entre les visiteurs et les habitants éphémères de la Farm Cultural Park, favorisant leur réflexion sur de nouvelles façons de vivre ensemble

The exhibition is conceived by
LAPS Architecture as a walk through
the space, which visitors can make their own while
discovering the various projects

*L'exposition est conçue par LAPS Architecture comme
une balade dans un quartier où les spectateurs se
promèneraient, s'approprieraient l'espace tout en
découvrant les différents projets*

A large number of the architectural pieces are displayed at a 1:1 scale. Thanks to the real dimensions of the mock ups, the spectators visiting the exhibition can experience the spatial qualities of these projects and appropriate the various spaces

Un grand nombre d'œuvres sont exposées à l'échelle 1:1. Les dimensions réelles permettent aux spectateurs qui visitent l'exposition d'expérimenter les qualités spatiales de ces projets et de s'approprier les différents espaces

SHARING LIFE TODAY

Marco IMPERADORI

"Man is a social animal"
Politics, Aristotle, 4th century BC

Man has always evolved his way of living and thinking by meeting and sharing with his fellows. Our very "being" is the result of all the social experiences we amass and of the people we meet, to whom we give a part of ourselves and from whom we receive something, actually transforming us on the psychic level.

It is evident that space, wheter urban or residential, can affect our ontological sphere. Historical cities, in Europe and elsewhere, are rich in co-dividual spaces: markets, squares, churches, etc. In the pre-industrial city, the concepts of being "near", close, and pedestrian dominate; this is the kind of city in which, since the Renaissance, the human being continues to be the "center of the world", in which he molds himself on values of proximity and community.

But how is the modern city made? The post-industrial city and the current digital contemporary city?

I believe that these later kinds of cities are essentially inhumane cities, composed of energy – primarily fossil energy, with its low cost and high environmental impact – and technology, which helps man but sometimes tends to deny the essence of the city itself. These aspects have swiftly brought us light years from the historical city where man was the protagonist, alone or as a member of a community, with community as a key factor.

Think about it. Digitalization, virtual reality, robotics, artificial intelligence, and so forth, are not these characteristics that essentially aim to replace the human species with algorithms, chips, mechanical processes, and mechatronics?

I often travel in Asia, and especially in Japan. I believe that Tokyo is an epiphany of this trend – parts of the city are already extremely concrete. Speed, efficiency, a future that often produces isolation and unhappiness. The Japanese government is allocating massive resources to developing robotics dedicated to care for the elderly,

PARTAGER LA VIE AUJOURD'HUI

«L'homme est un animal social»
Politique, Aristote, 4e siècle avant JC

L'homme a toujours fait évoluer sa façon de vivre et de penser en rencontrant et en partageant avec ses semblables. Notre «être» même, est le résultat de toutes les expériences sociales que nous faisons et des personnes que nous rencontrons, auxquelles nous donnons une partie de nous-mêmes, et de ce que nous recevons en retour, nous transformant même au niveau psychique.

Il est évident que l'espace, urbain ou résidentiel, peut affecter notre sphère ontologique. Les villes historiques, en Europe et ailleurs, sont riches en espaces *co-dividuels* : marchés, places, églises... Dans la ville préindustrielle, les concepts de «proximité», de rapprochement et de promenade dominent ; c'est le genre de ville dans laquelle, depuis la Renaissance, l'être humain continue d'être le «centre du monde», dans lequel il se moule aux valeurs de proximité et de communauté.

Mais comment est faite la ville moderne ? La ville post-industrielle et la ville numérique contemporaine actuelle ?

Je crois que c'est fondamentalement une ville inhumaine, composée d'énergie surtout fossile, peu coûteuse et à fort impact environnemental et de technologie qui aide l'homme mais tend parfois à nier l'essence même de la ville. Ces aspects nous ont amenés en très peu de temps, à des années-lumière de la ville historique où l'homme en était le protagoniste, seul ou en tant que membre d'une famille, avec la communauté comme facteur clé.

Si on y réfléchit : numérisation, virtualité, robotique, intelligence artificielle, ne s'agit-il pas de caractéristiques qui visent essentiellement à remplacer l'espèce humaine par des algorithmes, des puces, des procédés mécaniques, ou mécatroniques ? Je me rends souvent en Asie, notamment au Japon, et je crois que Tokyo est une révélation, en partie déjà très concrète, de cette tendance. Rapidité, efficacité, un avenir qui produit souvent l'isolement et le mal-être. Le gouvernement japonais alloue des ressources massives à la robotique dédiée aux soins pour personnes âgées, alors qu'il

while it remains deaf and blind to the dramatic demographic decline, and does not allow migrants from neighboring Asian countries to work in the Land of the Rising Sun, even though this would help the situation. Which is better: a robot, or a carer, who is properly paid and able to transmit care and affection?

Faced with this alienation – the fact that we call it a "social network" feels like a mockery, given how the fluidity of information hides abysses of solitude – the reasons for trying to explore new ways of living and sharing are evident. This is what Salvator-John Liotta and Fabienne Louyot call co-dividual architecture.

Fortunately I have had the opportunity to test some of these life experiments for myself – as Bruno Zevi often said, this is the only way to "learn how to see" and to understand architecture. When I met Mr. Moriyama, with his little dog, and spent almost three hours with him at the famous project by Ryue Nishizawa, I had an absolute revelation. Or rather, I experienced a small revolution!

For the first time, I saw a lot containing a house divided into separate cuboidal rooms, with the garden penetrating between the volumes rather than surrounding them and with the inhabitants of the neighborhood able to pass through because there are no fences. In fact, the Moriyama house, an urban co-dividual project, also became relevant from an architectural point of view when Mr. Moriyama understood that there were too many rooms for him and his elderly mother and thus started to rent some rooms out, creating a micro-community. I still remember the bizarre choice of the outdoor bathtub, in the cold, like a glass cuboid in the garden, sheltered from view only by light curtains. The matcha tea that Mr. Moriyama offered me was very hot in the cold of Tokyo and its green contrasted perfectly with his gray hair and the whiteness inside and outside.

The other three cases of co-dividual architecture that I experienced in Tokyo – where the problem of solitude exists – are linked to the Kuma family. A close friend, and a doctor honoris causa of Politecnico di Milano University where I teach, Kengo Kuma is one of the main interpreters of new ways of living and using materials and spaces. His Sunny Hills project, a single-brand and single-product store (it sells only pineapple cakes) is located in the central and exclusive Omotesando area. Made from a *hinoki* wood (Japanese cypress) cross which is widespread and has extraordinary structural properties, it welcomes anyone who

reste sourd et aveugle au déclin démographique dramatique et ne permet pas aux migrants des pays asiatiques voisins de travailler au Pays du Soleil Levant, même si cela pourrait constituer une aide dans de telles situations. Qu'est-ce qui est le mieux : un robot, ou un soignant correctement rémunéré et capable de transmettre soins et affection?

Face à cette aliénation – le fait que nous appelions cela un «réseau social» semble une plaisanterie, étant donné que la fluidité de l'information cache des abîmes de solitude – les raisons de tenter d'explorer de nouvelles façons de vivre et de partager deviennent évidentes. C'est ce que Salvator-John Liotta et Fabienne Louyot appellent l'architecture co-dividuelle.

Fort heureusement, j'ai eu la possibilité de tester certaines de ces expériences de vie moi-même – comme Bruno Zevi le disait souvent – c'est la seule façon d'«apprendre à voir» et de comprendre l'architecture. Lorsque j'ai rencontré M. Moriyama, avec son petit chien, et que j'ai passé près de trois heures avec lui sur le célèbre projet de Ryue Nishizawa, j'ai ressenti une révélation absolue. Ou plutôt, j'ai vécu une petite révolution !

Pour la première fois, j'ai vu sur un terrain une maison divisée en pièces parallélépipédiques séparées dans lesquelles le jardin pénètre entre les volumes plutôt que de les entourer, et où les habitants du quartier peuvent entrer car il n'y a pas de clôtures. En fait, la maison Moriyama, est un projet de copropriété urbaine, qui est devenu pertinent d'un point de vue architectural lorsque M. Moriyama a compris que pour lui et sa mère âgée, toutes ces pièces étaient trop nombreuses, et il a donc commencé à les louer, créant une micro communauté. Je me souviens encore du choix étrange de la baignoire extérieure, dans le froid, comme un parallélépipède de verre dans le jardin, à l'abri de la vue uniquement par des rideaux lumineux. Le thé matcha que M. Moriyama m'a offert était très chaud dans le froid de Tokyo et son vert contrastait parfaitement avec ses cheveux gris et sa blancheur intérieure et extérieure.

Les trois autres cas d'architecture co-dividuelle que j'ai expérimenté à Tokyo – où le problème de la solitude existe – sont reliés à la famille Kuma. Kengo Kuma, architecte de renommée mondiale, est un de mes amis proches (diplômé honoris causa de l'Ecole Polytechnique de Milan où j'enseigne) et l'un des principaux interprètes des nouvelles façons de vivre et d'utiliser les matériaux et les espaces. Son projet Sunny Hills, magasin mono-marque et

passes by and offers free tea and cake. The visitor enjoys this gift sitting at a 'social' table shared with other people, and visitors decide whether or not to make a purchase in an atmosphere of the greatest possible kindness. I still remember how a child parked his bicycle and went up to have a snack (asking for a cake that were promptly proffered) before going happily back home.

Moving towards Kagurazaka, in the northwest area of Yaraicho, there is the Shared House of Satoko Shinohara. As the name suggests, the house is shared by a group of tenants (including myself when I go to Tokyo) living in private rooms and sharing common spaces: atrium, bathrooms, workshops, laundry, closets, living room, kitchen and roof garden. After a working day, everyone meets together, strengthening the sense of community in the urban "tsunami" that is Tokyo.

I would like to introduce a final example of co-dividual architecture: "The Trailer", a project by Taichi Kuma. This is a restaurant-bar on wheels. For a year, it occupied an urban void in the Kagurazaka area, offering the neighborhood excellent breakfasts, events, and music. The epitome of Japanese ephemeral beauty, it has already disappeared. "The Trailer" was a temporary structure that took advantage of the specific conditions of an empty space and transformed this space's nothingness into a place where people could meet up by offering food and a social connection.

Making a city come alive means imagining spaces for sharing (both indoor and outdoor), where people can meet and engage in exchanges – and not just in economic terms. In *Coriolanus*, Shakespeare wrote that *"People are the city..."* and nothing could be more true in a world in which man believes that in the near future, he will be living on Mars, without having understood how to live harmoniously on our planet Earth.

mono-produit (qui ne vend que des gâteaux à l'ananas), est situé dans le quartier très prisé d'Omotesando. Fabriqué à partir d'une croix en bois de *hinoki* (cyprès japonais) éprouvée et aux propriétés structurelles extraordinaires, le bâtiment accueille librement tous ceux qui passent et offre gratuitement du thé et des gâteaux. Le visiteur profite de ce cadeau en s'asseyant à une table «sociale» partagée avec d'autres personnes, et c'est dans une atmosphère de grande gentillesse que le visiteur décide de faire ou non un achat. Je me souviens encore comment un enfant a garé son vélo et est monté prendre une collation (en demandant un gâteau qui lui a été rapidement offert) avant de rentrer chez lui heureux.

En se dirigeant vers Kagurazaka, dans la zone nord-ouest de Yaraicho, se trouve la *shared-house* de Satoko Shinohara (épouse de Kengo Kuma, professeur d'université et excellente architecte qui dirige sa propre agence). Comme son nom l'indique également, la maison est partagée par un groupe de résidents (dont je fais partie lorsque je vais à Tokyo) vivant dans une chambre privée et partageant des espaces communs : atrium, salles de bains, ateliers, buanderie, placards, salle de séjour, cuisine et toiture jardin. Après une journée de travail, tout le monde se retrouve pour renforcer le sens de la communauté dans le «tsunami» urbain qu'est Tokyo.

Enfin, j'aimerais vous présenter un dernier exemple d'architecture co-dividuelle : «The Trailer», un projet de Taichi Kuma, fils de Satoko et Kengo. Un restaurant-bar roulant qui depuis un an occupe un vide urbain dans le quartier de Kagurazaka y offrant d'excellents petits déjeuners, des événements et de la musique et qui, comme c'est typique de la beauté éphémère du Japon, a déjà disparu. The Trailer était une structure temporaire qui profitait des conditions spécifiques d'un vide de la ville qui en et transformait le néant en un lieu où les gens pouvaient se retrouver leur offrant de la nourriture et du lien social.

Faire vivre une ville, c'est imaginer des espaces de partage, intérieurs ou extérieurs, où les gens se rencontrent et échangent, et pas seulement en termes économiques. Dans *Coriolan*, Shakespeare écrit que *«Les gens sont la ville...»* et rien n'est plus vrai dans un monde où l'homme pense que dans un avenir proche, il vivra sur Mars, sans avoir compris comment vivre en harmonie sur notre planète Terre.

Left: the trailer before being transported to Kagurazaka

A gauche : le trailer avant d'être transporté à Kagurazaka

SHARED HOUSE IN MILAN

LAPS ARCHITECTURE

The Shared House in Via Ventura, 3, is a shared space conceived as an off-site space for the Triennale di Milano as part of the *Exhibition 999 Domande sull'Abitare Contemporaneo* curated by Stefano Mirti. This project for a shared house is the result of research on new ways of living, working, and meeting. It has been conceived by LAPS Architecture – a french-italian office – and students of the Politecnico di Milano (led by Marco Imperadori) to welcome different functions: two private spaces to sleep (Japanese – inspired capsules that can be booked on Airbnb and What a Space), semi-private spaces where one can work in tranquility, and open and semi-public spaces where people can gather together for any kind of production, entertainments, and entertaining activities ranging from cooking together to co-working.

The communal spaces are open to people who do not live in the shared house but who can access and use the co-working space, the community kitchen, or a meeting room in order to organize exhibitions, seminars, and activities open to the associative life. These semi-public spaces facilitate the meeting and activities related to being together, and permit experimentation with new ergonomics and uses of public space in the private space.

Today, most apartments are not designed to encourage shared activities. This has led to an interest in experimenting with a new type of housing: the Shared House. Let's begin with the observation that the experience of cohabitation of an apartment is a fundamental moment in the experience of many people. The bonds that are created during the sharing of an apartment with people with whom one does not have a blood connection, and who are not part of one's family relationships, turns out to be a way to create lasting and meaningful bonds that endure over time.

Normally these are apartments not designed for the users who occupy them but they are apartments desigend for mono-nuclear families with living room, kitchen and bedrooms. Normally, only 15–30% of the spaces are designed for common activities. The project for the shared house foresees reviewing the percentage of private spaces in favor of common spaces. This allows one to open

SHARED HOUSE À MILAN

La *Shared-house* de Via Ventura, 3, est un espace partagé conçu comme un espace *off* de la Triennale de Milan dans le cadre de l'exposition *999 Domande sull'Abitare Contemporaneo* dirigé par Stefano Mirti. Ce projet de *shared house* est le résultat de recherches sur de nouvelles façons de vivre, de travailler et de se rencontrer. Il a été conçu par l'agence franco-italienne LAPS Architecture et des étudiants du Politecnico di Milano (dirigée par Marco Imperadori) pour accueillir différentes fonctions : deux espaces privés pour y dormir (des capsules d'inspiration japonaise qui peuvent être réservées sur les sites Airbnb et What a Space), des espaces semi-privés où l'on peut travailler en toute tranquillité, et des espaces ouverts et semi-publics où l'on peut se réunir pour toute sorte de production, divertissement et activités ludiques allant de la cuisine en commun au co-working..

Les espaces communs sont ouverts aux personnes qui ne vivent pas dans la shared-house mais qui peuvent accéder et utiliser l'espace de co-working, la cuisine communautaire ou la salle de réunion afin d'organiser des expositions, des séminaires et des activités ouvertes à la vie associative. Ces espaces semi-publics facilitent la rencontre et les activités liées à la vie en commun, et permettent d'expérimenter de nouvelles ergonomies et de nouveaux usages de l'espace public dans l'espace privé.

Aujourd'hui, la plupart des appartements ne sont pas conçus pour encourager les activités communes. D'où l'intérêt d'expérimenter un nouveau type de logement : la *shared-house*. Partons du constat que l'expérience de la cohabitation dans un appartement est un moment fondamental pour de nombreuses personnes. Les liens qui se créent lors de cette cohabitation avec des personnes sans lien de parenté, et qui ne font pas partie de ses relations familiales, s'avèrent être un moyen de créer des liens durables et significatifs qui durent dans le temps.

Il s'agit souvent d'appartements non conçus pour les habitants; des appartements pour des familles mononucléaires avec salon, cuisine et chambres à coucher. Seuls 15 à 30 % des espaces sont conçus pour des activités communes. Le projet de *shared-house*

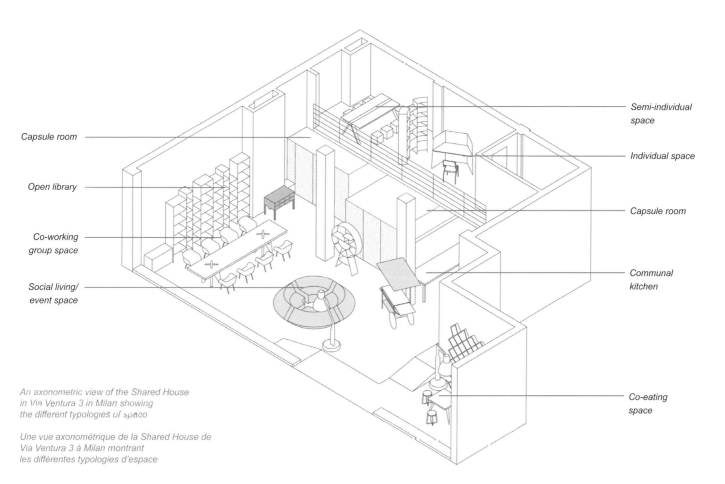

Capsule room

Open library

Co-working
group space

Social living/
event space

Semi-individual
space

Individual space

Capsule room

Communal
kitchen

Co-eating
space

*An axonometric view of the Shared House
in Via Ventura 3 in Milan showing
the different typologies of space*

*Une vue axonométrique de la Shared House de
Via Ventura 3 à Milan montrant
les différentes typologies d'espace*

the domestic space to the other. In addition to experimenting with new practices of being together, it was also possible to experience collaboration between strangers, to facilitate unexpected encounters and improbable and fortuitous situations, to nourish the collective unconscious and pay homage to the exceptional banality of idleness and everyday life. The architects have tried to turn the domestic into something spectacular by celebrating the miracle of friendship and the pleasure of being together.

prévoit de revoir le pourcentage d'espaces privés en faveur des espaces communs. Cela permet d'ouvrir l'espace domestique à l'autre. En plus d'expérimenter de nouvelles pratiques d'être ensemble, il est possible de faire l'expérience de la collaboration entre inconnus, de faciliter les rencontres inattendues et les situations improbables et fortuites, de nourrir l'inconscient collectif et d'exalter l'exceptionnelle banalité de l'oisiveté et du quotidien. Les architectes ont tenté de transformer le domestique en quelque chose de spectaculaire en célébrant le miracle de l'amitié et du plaisir d'être ensemble.

Pictures of the shared spaces within the shared house: living room, engawa and a library, all elements functioning as vectors of social interaction

The furniture was developed by LAPS Architecture in collaboration with Officine Tamborrino and MYOP These two companies respectively run by Licio Tamborrino and Riccardo Scibetta focus on developing interactions more than just objects

Tamborrino design is based in Ostuni and works on the relationship between industry and design MYOP is based in Sicily and focuses on the role played by crafts in contemporary design

Photos des espaces communs de shared house : salon, engawa et bibliothèque, tous ces éléments fonctionnant comme des vecteurs d'interaction sociale

Le mobilier a été développé par LAPS Architecture en collaboration avec Officine Tamborrino et MYOP Ces deux sociétés, respectivement dirigées par Licio Tamborrino et Riccardo Scibetta développent des interactions plus que de simples objets

Tamborrino design est basé à Ostuni et travaille sur la relation entre l'industrie et le design. MYOP est basé en Sicile et se concentre sur le rôle joué par l'artisanat dans le design contemporain

The capsules designed by LAPS Architecture are made of
a perforated metal sheet that let the light pass through
The facades of the capsule became a lamp,
a way to turn an object into a spatial feature
The pattern on the facade of the capsule
helped to create a subtle atmosphere

*Les capsules conçues par LAPS Architecture sont formées
d'une plaque de métal perforé qui filtre la lumière
Les parois de la capsule se convertissent ainsi en lanterne,
une façon de transformer un objet en un élément spatial
Le motif sur la façade de la capsule
participe à la création d'une atmosphère particulière*

*Design team/Equipe de projet
Salvator-John A. Liotta, Marco Imperadori, Fabienne Louyot,
Fabio Angeloni, Claudio Avila, Marco Baccaro,
Luca Del Favero, Andrea Sala, Andrea Tagliabue*

Host/Hôte: A14 HUB

ENDNOTES/NOTES

[1] Tsukamoto Yoshiaru, *Escaping the spiral of intolerance: fourth-generation houses and void metabolism*, in *Tokyo Metabolizing* by Kitayama Koh, Tsukamoto Yoshiharu and Ryue Nishizawa, Toto, Tokyo, 2014, p. 29-43

[2] Kaneko Tetsuya et al., *Tokyo coworking: Separating fact from fad*, accessed on 14/02/2020, available at: http://pdf.savills.asia/asia-pacific-research/japan-research/japan-office/tokyo-coworking-08-2017(1).pdf

[3] Hara Kenya, *House Vision 2, Co-dividual: Split and Connect/Separate and Come Together*, Bijutsu Shuppan-Sha, Tokyo, 2016

[4] Hara Kenya, *House Vision 2, Tokyo Exhibition Catalogue*, Bijutsu Shuppan-Sha, Tokyo, 2016

[5] Di Miceli Santo, *What is Co-Dividuality? Japanese architecture and the shared house of Farm Cultural Park*, accessed on 30/03/2020, available at: https://www.domusweb.it/en/architecture/2017/10/16/what-is-co-dividuality-japanese-architecture-and-the-shared-house-of-farm-cultural-park.html

[6] Nishizawa Ryue, *Seven new architectural elements*, in Tokyo Metabolizing by Kitayama Koh, Tsukamoto Yoshiharu and Ryue Nishizawa, Toto, Tokyo, 2014, p. 93

[7] Tardits Manuel, *Des maisons, des jalons,* in *L'archipel de la maison, Une architecture domestique au Japon,* Hours Veronique, Mauduit Fabien, Souteyrat Jeremie, Tardits Manuel, Le Lézard Noir, Poitiers, 2014, p.12-25

[8] Jouhanneau Aurelien, *Au Japon, un hôtel de ville devient une véritable attraction,* accessed on 27/03/2020, available at: https://immobilier.lefigaro.fr/article/au-japon-un-hotel-de-ville-devient-une-veritale-attraction_b951b212-36cc-11e5-8095-43eb84d16269/

[9] Moriset Bruno, *Building new places of the creative economy: coworking spaces,* accessed on 08/01/2020, available at: https://halshs.archives-ouvertes.fr/halshs-00914075/document

[10] Nancy Jean-Luc, *Etre singulier pluriel,* Galilée, Paris, 1996, p.111

[11] Meyer Ulf, *Small Houses,* in Claudia Hildner, *Small houses, Contemporary Japanese Dwellings,* Birkhäuser, Basel, 2013

[12] Pollock Naomi, *Jutaku Japanese House*, Phaidon, London, 2015

[13] Hildner Claudia, *Future Living, Collective Housing in Japan*, Birkhäuser, Basel, 2013

[14] Nuijsink Cathelijne, *How to Make a Japanese House,* Nai Publishers, Rotterdam, 2012

[15] Statistics Bureau of Japan, *Statistical Handbook of Japan 2019*, accessed on 02/01/2020, available at: https://www.stat.go.jp/english/data/handbook/c0117.html

[16] Statistics Bureau of Japan, *Statistical Handbook of Japan 2019*, accessed on 15/01/2020, available at: https://www.stat.go.jp/english/data/handbook/c0117.html

[17] Liotta Salvator-John, *Share Yaraicho, shared living,* accessed on 27/03/2020, available at: https://www.domusweb.it/en/architecture/2013/01/21/share-yaraicho-shared-living.html

[18] Statistics Bureau of Japan, *Statistical Handbook of Japan 2019,* accessed on 08/01/2020, available at: https://www.stat.go.jp/english/data/handbook/c0117.html

[19] Lea Greg, *The world is my office: why I chose to become a digital nomad worker,* accessed on 30/03/2020, available at: https://www.theguardian.com/technology/2019/may/11/digital-nomads-work-technology-asia-cities-wifi

[20] Statistics Bureau of Japan, *Statistical Handbook of Japan 2019*, accessed on 15/01/20, available at: https://www.stat.go.jp/english/data/handbook/c0117.html.

[21] Extract of an interview with Yuri Naruse done at the University of Tokyo in April 2017 by the authors

[22] Spreitzer Gretchen, Bacevice Peter and Garrett Lyndon, *Why People Thrive in Coworking Spaces*, accessed on 30/03/2020, available at: https://hbr.org/2015/05/why-people-thrive-in-coworking-spaces

[23] Nuvolati Giampaolo, *Hybrid spaces in the city*, Domus Magazine n.1041, Domus, Milan, 2019

[24] Nietzsche Friedrich, *Human, all too human,* 1858, Prometheus Books, 1878, edition 2008, p.76

[25] Foucault Michel, *Surveiller et punir*, Gallimard, Paris, 1975

[26] Deleuze Gilles, *Post-scriptum sur les sociétés de contrôle,* in *Pourparlers 1972–1990*, Les éditions de Minuit, Paris, 1990, p.180

[27] Deleuze Gilles, *Post-scriptum sur les sociétés de contrôle,* in *Pourparlers 1972–1990*, Les éditions de Minuit, Paris, 1990, p.181

[28] Simon Joshua, *Debt and the Materiality of the Dividual*, Springerin, New Materialism n. 1/2016, Spingrein, Wien, 2016

[29] Harari Yuval, *Homo deus: A Brief History of Tomorrow*, Random House, London, 2017

[30] Coldwell Will, *Co-living: the end of urban loneliness - or cynical corporate dorms?*, accessed on 30/03/2020, available at: https://www.theguardian.com/cities/2019/sep/03/co-living-the-end-of-urban-loneliness-or-cynical-corporate-dormitories

[31] Baudino Hugo, *Les salariés plus nombreux que les étudiants en colocation,* accessed on 02/02/2020, available at: https://www.latribune.fr/vos-finances/immobilier/location/les-salaries-plus-nombreux-que-les-etudiants-en-colocation-673103.html

[32] Kasperkevic Jana, *Co-living: the companies reinventing the idea of roommates,* accessed on 01/04/2020, available at: https://www.theguardian.com/business/2016/mar/20/co-living-companies-reinventing-roommates-open-door-common-

BIOGRAPHIES

Salvator-John A. Liotta is professor at Universitè Libre de Bruxelles, Faculty of Architecture La Cambre-Horta, a partner in the LAPS Architecture office based in Paris and a long-time correspondent of Domus magazine. He lived in Japan from 2005 to 2013, completing his PhD there and working as an architect and a researcher at the Kengo Kuma Lab of the University of Tokyo. He has published several books on Japanese architecture including *Patterns and Layering: Japanese Spatiality, Nature and Architecture* (Gestalten, 2012) and *43 questions to Toyo Ito* (Clean, 2009).

Salvator-John A. Liotta est professeur à la Faculté d'architecture La Cambre-Horta de l'Université Libre de Bruxelles, associé de l'agence LAPS Architecture basée à Paris et correspondant de la revue d'architecture DOMUS. Il a vécu de 2005 à 2013 au Japon où il a fait son doctorat et où il a travaillé en tant qu'architecte et chercheur sous la direction de Kengo Kuma à l'Université de Tokyo. Il est auteur de plusieurs ouvrages sur l'architecture japonaise tels que *Patterns and Layering: Japanese Spatiality, Nature and Architecture* (Gestalten) et *43 questions to Toyo Ito* (Clean).

Fabienne Louyot is a lecturer at the National School of Architecture of Paris-Belleville and a partner in the LAPS Architecture office based in Paris. She lived in Portugal from 2000 to 2004; after working for the architect Gonçalo Byrne there, she was part of the OMA team on the Casa Da Musica construction site in Porto. Afterwards, she worked for Jean Nouvel in Morocco. She is currently conducting a research on new urban transformation initiatives as part of the Doctorate Villard d'Honnecourt at IUAV.

Fabienne Louyot enseigne à l'Ecole Nationale d'Architecture de Paris-Belleville, associée de l'agence LAPS Architecture basée à Paris. Elle a vécu de 2000 à 2004 au Portugal où après avoir travaillé pour l'architecte Gonçalo Byrne, elle a fait partie de l'équipe d'OMA sur le chantier de Casa Da Musica à Porto. Par la suite elle a travaillé pour l'équipe de Jean Nouvel au Maroc. Elle mène actuellement une recherche sur les nouvelles initiatives de transformation urbaine dans le cadre du Doctorat Villard d'Honnecourt à l'IUAV.

Andrea Bartoli is a specialist in the languages of contemporary art with a particular interest in architecture, design, street furniture, art, urban regeneration, and territorial redevelopment. He is a consultant in strategic planning and management of cultural and social organizations, public and private. In 2005, he created the brand Farm, when he transformed an 18th century farmhouse into an innovative hotel. This project continued with the establishment of Farm Cultural Park, which has hosted countless contemporary art events.

Andrea Bartoli est un spécialiste des langages de l'art contemporain, avec un intérêt particulier pour l'architecture, le design, le mobilier urbain, la régénération urbaine et le réaménagement territorial. Il est consultant en planification stratégique et gestion d'organisations culturelles et sociales, publiques et privées. En 2005, il a créé la marque Farm, avec la transformation d'une ferme du XVIIIe siècle en un hôtel expérimental, cette expérince a trouvé une continuité dans le projet de Farm Cultural Park avec la production d'innombrables événements d'art contemporain.

LAPS Architecture is a Paris-based office that focuses on both practice and research. LAPS Architecture believes in contributing to creating a high-quality architecture for a better society, and it has built residential, cultural and educational projects in France, Italy, Spain, Morocco, and Japan. LAPS Architecture has won several international prizes and their projects have been widely published in international magazines such as Domus, Abitare, AMC, and The Plan among others, and has been exhibited at, among other venues, MoMA in New York and at the Venice Architecture Biennale. LAPS Architecture is directed by Salvator-John A. Liotta and Fabienne Louyot. The architect Léa Rubinstein has been working in collaboration with LAPS Architecture since 2015.

LAPS Architecture est une agence basée à Paris qui investit dans la pratique du projet ainsi que dans la recherche. LAPS Architecture croit en la contribution à une architecture de grande qualité pour une société meilleure. L'agence a réalisé des projets résidentiels, culturels et scolaires en France, en Italie, en Espagne, au Maroc et au Japon. LAPS Architecture a été lauréat de plusieurs prix internationaux et les projets de l'agence ont été largement publiés dans des revues internationales parmi lesquelles Domus, Abitare, AMC, The Plan; ainsi qu'exposés entre autres au MoMA de New York et à la Biennale d'architecture de Venise. LAPS Architecture est dirigée par Salvator-John Liotta et Fabienne Louyot. Au sein de l'équipe de projet l'architecte Léa Rubinstein y travaille en collaboration depuis 2015.

PHOTOGRAPHIC CREDITS/CRÉDITS PHOTOGRAPHIQUES

LT JOSAI SHARE HOUSE, © Masao Nishikawa // **SHARED HOUSE FOR SEVEN PEOPLE,** © Sadao Hotta, © Yasuaki Morinaka // **KOYASAN GUEST HOUSE,** © Toshiyuki Yano // **BOOK AND BED TOKYO,** © Toshiyuki Yano // **HOME FOR THE ELDERLY,** © Yasushi Ichikawa // **SHARE YARAICHO SHARED HOUSE,** © Taro Hirano // **KAIT WORKSHOP,** © Junya Ishigami Associates // **SHIBAURA HOUSE OFFICE BUILDING,** © Iwan Baan // **PAPER PARTITIONS SYSTEM NO 4,** © Shigeru Ban Architects // **NAGAOKA CITY HALL,** © Mitsumasa Fujitsuka // **THRESHOLD HOUSE,** © Shingo Masuda, Katsuhisa Otsubo // **NICOLAS G. HAYEK CENTER,** © Hiroyuki Hirai // **SOHO UNIT,** © Naka Architects Studio // **YOKOHAMA APARTMENTS,** © Koichi Torimura // **ATELIER TENJINYAMA,** © Ikimono Architects // **SUNNY HILLS CAKE SHOP, GATHERING CENTER,** © Daichi Ano // **RENTAL SPACE TOWER,** © Sou Fujimoto Archtitects, © Vincent Hect // **MORIYAMA HOUSE,** © Takashi Homma // **BOUNDARY WINDOW,** © Shingo Masuda, Katsuhisa Otsubo // **NA HOUSE,** © Iwan Baan // **HOUSE IN BUZEN,** © Toshiyuki Yano // **FARM CULTURAL PARK,** © Nadia Castronovo // **WHAT IS CO-DIVIDUALITY?,** © Santo Di Miceli // **SHARED HOUSE IN MILAN,** © Fabio Angeloni, Claudio Avila, Andrea Sala, Marco Baccaro, © Riccardo Scibetta //

Acknowledgements

The authors would like to express their sincere gratitude to Kengo Kuma and Virginie Picon-Lefebvre. The authors are grateful to all the Japanese architects covered in this book who kindly shared their knowledge and made this book possible. The authors would like to thank Maurizio Carta, Marco Imperadori, Stefano Mirti, A14 HUB, Antonio Alba, Rosario Castellana, Marco Make Claude, Mariacristina Di Carlentini, Roberta Venditti, Analogique, and the Japarchi network.

Support

The authors wish to thank Pablo Lhoas, dean of La Cambre-Horta Architecture Faculty of Université Libre de Bruxelles (ULB), the research center HABITER (ULB), the research lab IPRAUS of Ecole Nationale Superieure d'Architecture de Paris-Belleville and Prof. Denis Pools.

This book was partially funded by La Cambre-Horta Architecture Faculty of Université Libre de Bruxelles

ULB

© 2020 by jovis Verlag GmbH
Texts by kind permission of the authors Salvator-John A. Liotta and Fabienne Louyot.
Pictures by kind permission of the photographers/holders of the picture rights.

Cover: designed by LAPS Architecture, photo by Vincent Hecht

Copy editing: Alison Kirkland
Translation from English to French: Fabienne Louyot
Design and setting: LAPS Architecture - Salvator-John A. Liotta
Lithography: LAPS Architecture - Farouk Youssef

Printed in the European Union.

Bibliographic information published by the Deutsche Nationalbibliothek.
The Deutsche Nationalbibliothek lists this publication in the Deutsche Nationalbibliografie. Detailed bibliographic data are available on the Internet at http://dnb.d-nb.de.

jovis Verlag GmbH
Kurfürstenstraße 15/16
10785 Berlin

www.jovis.de

jovis books are available worldwide in select bookstores. Please contact your nearest bookseller or visit www.jovis.de for information concerning your local distribution.

ISBN 978-3-86859-621-2